| 光明社科文库 |

当代中国国家治理的议题政治学

——基于对党政系统政策注意力的研究

杨竺松　燕　阳◎著

光明日报出版社

图书在版编目（CIP）数据

当代中国国家治理的议题政治学：基于对党政系统政策注意力的研究 / 杨竺松，燕阳著. -- 北京：光明日报出版社，2022.12

ISBN 978-7-5194-7064-7

Ⅰ.①当… Ⅱ.①杨… ②燕… Ⅲ.①国家—行政管理—研究—中国 Ⅳ.①D630.1

中国版本图书馆 CIP 数据核字（2022）第 253483 号

当代中国国家治理的议题政治学：基于对党政系统政策注意力的研究

DANGDAI ZHONGGUO GUOJIA ZHILI DE YITI ZHENGZHIXUE：JIYU DUI DANGZHENG XITONG ZHENGCE ZHUYILI DE YANJIU

著　　者：杨竺松　燕　阳

责任编辑：王　娟　　　　责任校对：郭思齐　李海慧

封面设计：中联华文　　　责任印制：曹　净

出版发行：光明日报出版社

地　　址：北京市西城区永安路 106 号，100050

电　　话：010-63169890（咨询），010-63131930（邮购）

传　　真：010-63131930

网　　址：http://book.gmw.cn

E - mail：gmrbcbs@gmw.cn

法律顾问：北京市兰台律师事务所龚柳方律师

印　　刷：三河市华东印刷有限公司

装　　订：三河市华东印刷有限公司

本书如有破损、缺页、装订错误，请与本社联系调换，电话：010-63131930

开　　本：170mm×240mm

字　　数：165 千字　　　　印　　张：13

版　　次：2024 年 1 月第 1 版　　印　　次：2024 年 1 月第 1 次印刷

书　　号：ISBN 978-7-5194-7064-7

定　　价：85.00 元

前　言

本书提出并尝试探讨当代中国国家治理的“议题政治学”命题。基于对当代我国党政系统重要会议和地方领导干部日常公开活动的考察，本书系统地呈现了中央和地方政府注意力配置的议题组成、日常动态及其变迁特征，探究了改革开放以来影响地方政府议题偏好的结构性因素，从学理层面为理解当代中国的公共政策过程和地方政府行为提供了一个新的研究视角与直接的经验证据。本书还力求回归公共治理实践，讨论了新时代我国地方政府注意力配置的现状、面临的困境以及相关的应对策略。这不仅有助于深化关于我国制度优势向治理效能转化路径的认识，而且也有助于为各级地方政府在高质量发展的目标约束下合理配置政策注意力、促进我国制度优势向治理效能转化这两方面提供有益参考和实践启示。

本书是国家社会科学基金一般项目“政策注意力视域下我国制度优势向治理效能转化研究”（批准号：21BZZ042）的阶段性成果。有关研究同时也受到了清华大学文科建设“双高”计划项目“中国特色国家治理体系演化与治理能力现代化：价值、实践与理论”（项目号：2021TSG08303）、清华大学自主科研计划文科专项（项目号：2022Z04W01006）和清华大学公共管理学院青年教师种子发展基金的支持，在此一并致以衷心的感谢。

本书是集体力量和集体智慧的成果。有来自多所知名高校的 20 余位本科生和研究生同学参与了本书的相关研究，他们完成了大量的基础数据收集和整理工作，为在较短的时间内夯实议题政治学研究的实证基础做出了重要贡献。他们分别是：清华大学公共管理学院鲜逸峰、邹嘉维、娄德兰，社会科学学院张子约、吴琼、陈瀚羽、钱昊智，经济管理学院汪欣宇，法学院何若谷、卿远洁、魏维芮、董钰亭，人文学院宁潇贤、胡歆其，新闻与传播学院华静宜，建筑学院熊小虎、翟灿灿，水利系黄利璇，环境学院徐昌铭；中国农业大学经济管理学院李容达；厦门大学公共管理学院邱波；华中科技大学公共管理学院刘露雅。本书的研究让我们有幸与同学们一道，在真刀真枪的学术训练中一窥当代中国国家治理的宏伟长卷，深化关于中国国家治理复杂奥义的思考和理解。

本书是近年来清华大学国情研究院大力推进学术强基、突出学科特色、建设有深厚学术底蕴的一流大学高端智库取得的又一创新成果。国情研究院长期致力于当代中国国情国力国策研究，在中国道路、中国制度研究方面有着丰富的经验积累。未来国情研究院还将进一步夯实学术研究基础、增多学科建设贡献，坚持"将研究做在祖国大地上"，以厚重的理论、严谨的方法、鲜活的案例和扎实的数据，在国内外学术舞台上讲述更多的"中国好故事"，不断提升当代中国研究的影响力。

诚恳接受学术同行和各方关注者对本书研究的批评，真诚期待共同推动当代中国国家治理语境下议题政治学研究的发展。

2022 年 12 月

目　录
CONTENTS

第 1 章

引　论

在新的时代背景下，政策注意力资源的稀缺性问题显得越发突出，而对中国场域下的政府注意力的配置依然缺乏系统和深入的研究。由此出发，本章首先着重介绍全书的研究背景和缘起，然后初步提出“议题政治”的概念，进一步归纳本书研究希望解决的主要问题。最后，概述本书的研究意义及内容安排。

1. 研究背景：“中国之治”与政策注意力配置

改革开放 40 多年来，中国经济总量从 1978 年的世界第十一位跃居至 2010 年的世界第二位，中国越来越成为世界经济增长的动力之源和稳定之锚。中国经济在短短几十年间取得的巨大成就被世人誉为“中国奇迹（Chinese Miracle）”，经济学家对这一案例也抱有浓厚兴趣。为此，他们提出了诸多理论模型来揭示中国经济增长之谜。例如，Jin（吉恩）等人（2006）提出了著名的“中国特色财政联邦主义假说（Fiscal Federalism With Chinese Characteristic）”，该理论指出中国特殊的行政和财政分权体制为地方政府积极发展经济提供了巨大激励，分权让地方政府拥有更多发展经济事务的主动权和积极性，从而使其能够不断积累经济资源，这种市场化的分权改革促进了央地间的权力平衡。周黎安（2004，2007）则从更加微观的视角提出了“晋升锦标赛理论（Political Promotion Tournament Theory）”，该理论认为“晋升激励”才是破解中国经济增长之谜的关键，因为晋升激励以及由此形成的选拔考核机制使各级地方官员都有了推动辖区经济增长的动力。总之，改革开放以来中国经济的飞速增长与各级政府“以经济建设为中心”的发展思路密不可分，如果站在“注意力配置”的研究视角看，这一发展思路说明，改革开放后的“经济发展”问题无疑成为各级地方政府关注的焦点。不过，长期以来对GDP的片面追求也产生了一系列负面效应，例如环境污染、经济结构不合理、区域发展不平衡、公共服务效率不高等情况。有学者指出，这些问题的出现本质上就是地方政府“注意力偏好扭曲”的结果，即长期以来对经济议题的压倒性关注，使决策者无法将更多的注意力资源分配给其他公共事务（张永军、梁东黎，2010）。更重要的是，不论是个人、企业、政府还是其他社会组织，“注意力”始终是一种稀缺资源，对于政府组织来说，这一点表现得更为突出，因为政府及其决策者每时每刻都需要在“注意力资源的有限性”与“公共事务的复杂多样性”间进行权衡，因而一段时期内并行处理多个不相关的治理事务俨然成了公共组织注意力配置的常态（Jones，2001）。

当前，中国的改革开放已进入攻坚克难的深水期，经济社会也开始全面开启高质量转型发展的新时代。对此，党的十九大报告已经对中国社会主要矛盾的转变做出了明确判断，即“人民日益增长的美好生活需要和不平衡不充分的发展之间的矛盾”。因此，在新的发展阶段，各级政府不仅要继续推动经济发展，而且还要同时回应和解决好诸如产业升级、生态环境保护、科技创新、民生改善、乡村振兴、基层治理、新型城镇化等各种转型期的治理挑战。在这样的背景下，政策注意力的稀缺性就显得越发突出，决策者经常会面临“既要做什么、又要做什么、还要做什么”的抉择。那么，面对繁重复杂的发展改革稳定任务，各级政府会如何分配注意力资源？特别是当面对多样化且充满“竞争性”的政策议题时，决策者又该如何有效安排其政策议程呢？在我国，注意力研究在经济学和企业管理领域得到了更多人的重视，人们十分关心市场主体特别是企业决策者或消费者注意力配置对经济发展（汪丁丁，2000；施炳展、金祥义，2019）、企业绩效（吴建祖、肖书锋，2016）、公司创新（张璐等，2020）等的重要作用，却对公共组织的注意力配置缺乏更为深入的研究。

值得注意的是，受西蒙行为科学主义范式的深刻影响，关于政策注意力的相关研究也走上了重视经验证据和逻辑实证的轨道。作为政策科学研究的核心内容，政策注意力研究致力于通过可验证、可重复的方法（如基于大规模政策文本的量化研究）探究政府政策注意力的结构、变迁及影响因素。因此，国外政策注意力研究逐渐诞生了三源流理论（Kingdon，1985）、间断均衡理论（Baumgartner、Jones，1993）、不成比例信息处理模型（Baumgartner、Jones，2015）等经典理论框架。不过，需要注意的是，这些理论模型都是基于西方特别是美国的制度背景和经验数据得出的，它们到底能否解释中国场域下的政府注意力配置现象，仍有待进一步的验证。

2. 问题提出：当代中国国家治理中的“议题政治”

政策注意力配置本质上反映了公共治理实践中广泛存在的“议题政治”，即在注意力资源具有稀缺性的条件约束下，政府组织及其决策者在不同议题上配置注意力的一个过程，这一过程涉及三个基本问题：政治实体会关注哪些议题？为什么关注以及如何关注议题？因此，理解当代中国政府注意力配置的逻辑就需要揭开中国国家治理中的“议题政治”，由于我国的政治体制和治理结构不同于西方的选举政治和政党竞争，“议题政治”在中国场域下也呈现出自己的特征：

首先，当代中国的宏观政治系统导致政府或决策者议题关注的范围更为广泛，属性也更为复杂。以往的研究认为，西方国家特别是其中央政府的政策注意力往往聚焦于现代政府职能所对应的几项核心议题，例如，宏观经济、政府运行、国际关系、法治以及社会福利等，而我国的党政体制决定了政府的议题关注往往兼具“政治性”和“政策性”的特征。一方面，作为执政党的中国共产党，其对议题的关注已不是简单聚焦于传统的党建，而是强调对中国经济社会发展方方面面的领导，因此，各级党委政策注意力的议题结构必然体现为传统党建议题与公共政策议题的互动；另一方面，中国特色社会主义最本质的特征是中国共产党领导，作为行政机关的各级政府需要在党的领导下开展工作，因此政府的议题关注除了要体现现代政府的基本职能外，还要突出党的意志和党的领导，当政府或决策者的注意力空间中同时纳入政治和行政等不同属性议题时，政府议题关注的变化和结构性调整将变得更复杂。

其次，在中国多层次治理结构中，各级领导干部，特别是党政主官的议题关注具有广泛的影响力，他们关注或不关注什么会极大影响政策的执行甚至结果。由于“领导重视”在当代中国政治和行政运作中扮演了极其重要的角色，“议题政治”在治理实践中经常表现为不同议题围绕决策者注意力资源而进行的“竞争”。更重要的是，在中国的制度环境下，决策者议题优先级的形成可能遵循了与西方不同的逻辑。因此，探究当代中国党政领导干部议题偏好背后的驱动因素就显得尤为必要。

最后，在中国的公共治理情境中，政府和决策者议题关注的“载体”更加多样。在欧美等西方国家，政治实体的议题关注常常体现在其签署或颁布的各种法令文件中，例如，立法机关批准的年度财政预算、总统发布的国情咨文以及政党提出的竞选纲领等，而在当代中国，各级党委政府的议题关注不仅体现在政府工作报告、五年规划、各类政策法规等规范性文件中，而且还体现在党政领导干部的日常公务活动之中，包括在基层一线开展的调查研究、主持召开的各类会议、针对特定问题做出的批示等，这些活动已经成为政策过程中不同阶段释放决策者议题偏好的重要载体。因此，理解中国政府决策实践背后的“议题政治学”就需要最大限度地考察不同注意力载体中议题的分布及其互动的内在逻辑。

综上所述，考虑到当代中国“议题政治”现象的特殊性以及相关实证研究的匮乏，本书提炼出了如下几个尚待探索的研究问题：

首先，在当代中国，党和政府应该如何配置其注意力资源？如果引入传统的政策议程“纵向+多议题（longitudinal multi-issue）”的研究方法，当代中国宏观政策注意力的议题结构将会是怎样的？议题关注的变迁是否符合“间断均衡”的特征？组织环境又会如何影响宏观政策注意力的日常动态？

其次，在我国的多层次治理结构中，地方政府政策注意力的议题结构具有哪些特征？作为地方公共事务的核心决策者，地方领导干部在履新后又会如何配置其政策注意力？他们的议题偏好又存在哪些差异？

再次，有别于西方的政党政治和选举竞争，干部体制是我国政府组织最重要的结构性特征，为地方官员提供了最基本的激励环境。那么，改革开放以来，我国干部管理体制的一系列改革对地方官员的议题关注产生了哪些影响？

最后，随着高质量发展成为新发展阶段的时代主题，地方政府会如何通过注意力配置来有效应对百年变局下的各种治理挑战？政府在分配政策注意力资源时会面临哪些困境？又该如何应对这些困境？

上述问题在现今已有文献中还不能找到明确的答案，为此，本书基于注意力配置、议程设置等相关理论，通过获取我国中央、省、市三级党委政府日常会议或领导公开活动的新闻通稿构建了一个新的文本数据集，利用基于非负矩阵分解算法的主题模型和质性文本分析等方法，对当代中国中央和地方政府的政策注意力进行了“纵向+多议题”的量化分析，不仅系统地呈现了我国宏观政策注意力的结构及其间断均衡水平，还揭示了省政府常务会议和地级市委书记履新后政策注意力配置的一般特征。此外，本书研究进一步聚焦干部体制，利用市委书记上任后对不同政策议题的相对关注水平及其个体特征等数据，实证检验了改革开放后干部管理体制相关改革对履新主官政策注意力的影响，讨论了我国地方官员议题偏好的结构性成因。最后，本书回归政策实践，总结了高质量发展时代背景下，地方政府注意力配置的主要特征，以及地方治理实践中可能出现的三种政策注意力配置“失灵”现象，并提出了相应的应对策略。

总体上看，本书尝试引入政策议程文献中“纵向+多议题”的研究范式来系统考察中共中央和地方政府注意力的基本结构及其变迁特征，并对影响地方政府议题偏好的“组织—结构”因素进行了初步探索，揭示了在当代中国国家治理中广泛存在的“议题政治学”。上述工作的开展有利于深化政策过程领域中西方理论的对话，为讲好中国故事，构建本土化的政策过程理论提供了思路启示、基础数据和方法借鉴。

本书分为七章，其中第1章为引论，重点交代了本书的研究背景和主要问题；第2章为文献综述，系统地回顾了国内外政策注意力文献的经典理论和研究动态，讨论了本研究与已有文献间的联系；第3至5章研究了中央、省和地级市层面的政策注意力配置，揭示了不同层级的政府议题关注的基本结构及其变化特征；第6章是对中国场域下政策注意力配置影响因素进行的初步探索，以地级市委书记为例，实证检验了干部管理体制改革对其履新后议题偏好的影响；第7章重点关注了新时代地方政府注意力配置的现状及其面临的主要挑战，并提出了一些政策思考与应对措施。

第 2 章

文献综述

本章主要是对全书涉及的核心概念“政策注意力配置”和“议题政治”进行界定，同时对现有的相关研究展开梳理和评述，重点关注政策注意力研究的理论基础、热点主题以及方法范式。在此基础上，本章将进一步讨论本书研究与现今已有文献的关系，包括对现有成果的吸收发展以及对研究不足的完善与改进等。

1. 核心概念

(1) 政策注意力配置

在西方政治学和公共管理相关文献中，“政策注意力（policy attention）”常常与“政治注意力（political attention）”“政策议程（policy agenda）”等名词同时使用，这主要是因为不同学科拥有不同的研究对象，但并不意味着上述概念存在本质差别。例如，政治学更多的是关注政党、立法机关、政府和政治领袖，因此在文献中多使用“政治注意力”，而公共管理研究更多的是关注政策过程，因而频繁使用“政策注意力”或“政策议程”，其中，政策议程是指那些被纳入政治或政策过程的公共问题（曹堂哲、郝宇华，2019）。

参考一些经典文献的定义（Kingdon，1984；Nowlin，2011），本书认为，“政策注意力配置”是指政府及其决策者在一定的制度和组织环境下筛选、过滤相关信息并配置注意力资源的过程，其本质是政府及其决策者有目的、有选择地将时间、精力聚焦在某些政策议题上，并将政策资源赋予这些议题的过程。一些文献也将政策注意力配置称为“政策议程设置”或“政府决策注意力分配”。为了避免混淆，本书决定使用“政策注意力配置”这一较为通用的表述。

如前文所述，“政策注意力配置”这一概念与管理学研究中的“议程设置”概念关系密切，只是在研究对象上存在着细微差别。“议程设置”强调决策者在有限理性条件下可以通过计划来合理配置注意力，并使其达到帕累托最优（Fiske、Taylo，1991），因为集中处理一项任务和分散精力同时处理多项任务的效果显然是不同的，多任务会抢夺政府组织或决策者的注意力资源，造成决策效率的低下（Heiner，1980）。对于政府来说，政策注意力配置的复杂程度远远高于企业，因为政府面临的公共事务更加复杂多样，决策过程体现出高度的不确定性，在确保公平公正公开的同时还需要回应不同利益主体的诉求（Simon，1961）。

（2）议题政治与议题政治学

在本书中，“议题政治”是指政府组织及其决策者在面对不同属性政策议题时对稀缺注意力资源的配置，而“议题政治学”则是对这一过程和结果的实证探索，包括三方面的研究内容：一是对政策注意力配置规律，包括议题结构及其变迁特征的描述性分析，间断均衡理论就是其中的代表性成果；二是对政府组织或决策者注意力配置影响因素的因果推断，从广义上看，这些因素主要包括结构性和非结构性因素两类，前者侧重从制度、组织、权力结构以及政策过程等入手来探究政策注意力配置的生成逻辑，后者强调检验外部环境，如经济状况、科技水平、焦点事件、公众舆论等对政府或决策者议题优先级的影响；三是对如何合理配置政策注意力进行规范性研究，由于政府和决策者的议题关注会影响政策资源的配置，因而寻求通过制度设计和组织激励引导政策注意力的合理分配成了一个具有现实意义的研究议题，其主要任务是建立政策注意力配置与政策执行、政策结果间的内在联系，并通过经验研究提炼归纳有助于获取最优政策绩效的注意力配置模式。

2. 政策注意力研究的文献脉络与理论基础

（1）多学科视域下的注意力研究

狭义上的注意力研究关注的是组织或个人如何配置注意力资源，即“为什么组织或决策者会将注意力聚焦在某些议题而不是其他议题上”。早期的注意力研究集中在心理学领域。心理学从人类的大脑结构和意识特征出发，着重探究当面对外部环境特别是不同信息源的刺激时，感官以及人脑如何过滤、筛选和加工所需要的信息，从而完成对注意力资源的分配（Johnston 等，1995），一些研究还进一步分析了人脑的上述思维活动对决策行为的影响（Posner、Rothbart，2006）。因此，心理学视域下的注意力研究多利用实验法模拟人在面对外部环境刺激时的反应过程。不过，“注意力”这一概念很快就被引入其他领域，并在不同的学科背景下呈现出不同的研究取向。与心理学不同，经济学视角下的注意力研究强调的是“有效激励”，它关心的是如何设计一套激励机制（如建立合同和契约）来实现注意力配置的“帕累托最优”（Holmstrom、Milgrom，1991），也就是说，尽管注意力资源具有稀缺性，但经济学家假定人具有完全理性，仍然可以通过有效激励找到注意力分配的最优解。为此，一些学者提出并发展了“注意力经济学（the economy of attention）”来深入探讨这一问题（Goldhaber，1997）。社会学视角下的注意力研究则更强调“环境塑造”的作用，通过将组织或个人置于宏观的社会环境或中观的组织环境中来考察外部环境变化对注意力配置的影响（练宏，2015）。Simon（西蒙）最早将注意力研究引入管理学领域，之后，注意力的概念和分析框架在企业管理、管理工程、组织行为等领域得到了广泛的应用。其中，企业管理研究强调“有限理性”的基本假设，认为如何分配注意力资源是企业决策的核心问题（March、Simon，1958）；而管理科学与工程的研究则更多地采用运筹学、系统仿真等方法来模拟企业的决策环境，主张通过数学方法来计划统筹注意力资源并实现优化配置（Seshadri、Shapira，2001）。总体上，管理学视角下的注意力研究十分重视“规划”的重要性，解决“注意力稀缺”和“企业多任务”之间矛盾的主要方法就在于有效的统筹规划。

值得一提的是，组织学视角下的注意力研究因其同时考察了宏观环境和组织运行对注意力配置的影响而发展迅速，特别是Ocasio（奥卡西奥）（1997）提出了注意力基础观理论（attention-based view theory），该理论第一次系统地阐释了决策者注意力配置的概念，并总结了影响注意力配置的各种因素，这些因素不仅包括决策者的个体特征，而且也包括组织环境和体制环境等，因此，注意力配置是个体、组织和环境交互作用的结果。此外，Ocasio（2011）认为“议程设置”是组织注意力研究的核心内容，因为组织是一个议程设置系统，哪些问题能够进入组织议程、如何进入组织议程本身就是一个值得探讨的学术问题（Bouquet、Birkinshaw，2008）。当然，议程设置的研究对象不仅仅局限于企业，关于政府组织的议程设置，即“政策注意力配置”，逐渐成为另一股重要的文献支流，特别是Frank Baumgartner（弗兰克·鲍姆加特纳）和Bryan Jones（布赖恩·琼斯）等人对政策议程研究的开创性贡献，使得比较议程分析（comparative agenda analysis）成为一个相对独立的学术流派，提出并发展了间断均衡、不成比例信息处理等理论模型。学术界普遍认为，政策议程研究的理论成果极大地拓展了 Simon（1961）有关“有限理性决策”的理论和 Lindblom（林德布洛姆）（1959）提出的“渐进主义模型”。总体来看，尽管政策议程设置研究的起步较晚，但形成了不少有影响力的研究成果，并带动了“比较议程项目（Comparative Agenda Project，CAP）”这一学术共同体的建立和发展。

（2）政策注意力研究的文献脉络

20 世纪 50 年代，政策科学（policy science）正式诞生，按照现代政策科学理论的奠基人 Harold Lasswell（哈罗德·拉斯韦尔）的观点，政策科学之所以称为科学，是因为这一学科以寻求政策“合理性”为自己的终极目标，学科中的任何理论都需要经得起实证研究的充分检验，政策科学应当以实证数据和数学公式为基础（Lasswell，1951）。因此，政策科学被视为“二战”后西方社会科学界发展最为迅速、社会影响最大、应用范围最广、实验性最强的学科之一（杰伊·沙夫里茨、卡伦·莱恩、克里斯托弗·博里克，2008）。Lasswell（1970）认为政策科学研究有两大主要任务，即探索“政策过程本身待挖掘的知识（knowledge of the policy process）”和探索“政策过程中的新知识（knowledge in the policy process）”，尽管只有一字之差，但这两个研究方向的关注点却大为不同。前者旨在发现政策过程的一般规律，也就是讨论政策过程本身是否可以用实证方法和科学逻辑进行理论建构；而后者则聚焦于具体的政策问题或政策领域，强调对某项政策科学性的评判，从而为政策实践提供可以借鉴的知识。很明显，议程设置研究属于对政策过程知识的探索。按照 Lasswell 在《决策过程》（*The Decision Process*）书中的划分（Lasswell，1956），政策过程分为情报、提议、规定、合法化、运用、终止和评价七个阶段，尽管之后又有各种各样的政策过程的划分标准，但都以

Lasswell的“七阶段论”作为基础，这七个阶段可以进一步地简化为四个阶段，即政策议程、政策决策、政策执行和政策评估，因此，注意力配置是政策过程研究的起点，它致力于回答政策过程如何开启、什么议题会进入政策议程、为什么会进入以及如何进入政策议程等基本问题。在政策议程研究的早期，最具代表性的研究成果便是John Kingdon（约翰·金登）提出的政策议程“多源流理论（multi streams theory）”，多源流理论也称为“溪流理论”，该理论在1984年出版的《议程、备选方案与公共政策》(*Agendas, Alternatives and Public Policies*）中被系统阐述（Kingdon，1984）。多源流理论关注如下问题：一个问题为什么会成为政策议程？它是如何进入决策者视野的？决策者如何分配其注意力以及最终的决策是如何形成的？为此，Kingdon提出“问题流（problem stream）”“政策流（policy stream）”和“政治流(political stream）”的多源流互动模型来回答上述问题。“问题流”指的是问题最初是怎样被决策者发现、关注和界定的，焦点事件的出现、项目运作的情况、系统性数据指标的反馈等都足以让一个问题被决策者关注；“政策流”是指相关主体（包括官僚、专家、行政人员、规划人员等）针对政策问题提出解决方案、政策主张或政策建议，并就此进行持续的互动讨论、修订完善直至得到决策者关注的过程；“政治流”是指那些能够促使政策问题转化为正式议程的外部事件，包括舆论和民意的转变、政党与政府的换届选举、利益相关者的游说活动等。上述三条“溪流”本身都有其各自的流动轨迹，直至在某一关键时间点实现了“三流汇合”，最初的政策问题就上升为正式的政策议程，“政策之窗（policy window）”的打开意味着政策方案将会被采纳，政策议题也随之进入决策制定和政策实施的阶段。

多源流理论对政策注意力配置研究产生了深远的影响，它使人们意识到议程设置中有很多科学问题亟待挖掘。1993年，Frank Baumgartner和Bryan

Jones 合作完成了《美国政治中的议程和不稳定性》（*Agendas and Instability in American Politics*）一书，正式提出了著名的"间断均衡理论（punctuated equilibrium theory）"（Baumgartner、Jones，1993），他们的开创性工作使议程设置研究向实证主义科学迈进了一大步，更开启了一个极具生机和发展潜力的研究领域——比较议程研究，同时也催生出了比较议程项目（CAP）这一学术共同体。间断均衡理论提出后，Baumgartner 和 Jones 陆续发表了一系列研究成果来完善理论框架，逐步构建起了以"不成比例信息处理模型（disproportionate information-processing model）"为微观基础，融合信息、注意力配置、制度摩擦、认知瓶颈、政策形象、政策议定场所、政策垄断、政策变迁等核心概念的"议程设置动力学（the dynamics of agenda setting）"。2005 年，Baumgartner 和 Jones 的著作《注意力的政治》（*The Politics of Attention*）出版，该书用大量的数据、案例和数学模型对政策议程设置特别是间断均衡理论进行了系统论证和全面阐述（Jones、Baumgartner，2005）。总体来看，由于间断均衡理论可以同时解释长时间政策变迁过程中"政策稳定"和"政策突变"这两种现象，因而被认为是对"有限理性决策模型"和"渐进主义理论"的拓展和超越，Baumgartner 和 Jones 等人的工作也极大地影响了之后的政策议程研究的内容和方法范式。

（3）政策注意力研究的理论基础：间断均衡理论

作为政策注意力研究最重要的理论模型，间断均衡理论诞生于 20 世纪 90 年代初，Baumgartner 和 Jones 最先发现了政策过程中的一个现象：在长时间的政策变迁过程中，政策的稳定与突变是同时存在的，一般情况下，人们往往能感觉到政策变迁是渐进的，但有时一些重大变革甚至危机会突然发生。Baumgartner 和 Jones 借鉴生物学领域"间断均衡"的概念来对这一现象进行了学理化的定义，即公共政策受制于长期的渐进主义，其特征是均衡或停滞，而这种均衡或停滞有时会被迅速或戏剧性的重新调整打破，形成政策间断（policy punctuation）。间断均衡理论是对渐进主义模型的重要突破，政策渐进主义的代表人物 Lindblom（林德布洛姆）（1959）认为，政策是对现状的逐步调整和细微修正，而 Wildavsky（威尔达夫斯基）（1964）将渐进主义引入公共部门的预算制定，发现预算过程也具有渐进主义的特征。不过，Baumgartner 和 Jones 认为渐进主义模型忽视了对政策过程中动态变化特别是那些非连续（disjoint）和剧烈变化（dramatic changes）现象的解释（李文钊，2018；Jones、Baumgartner，2012），因此，间断均衡模型可以同时解释政策的渐进性和突变性两种现象。当然，Baumgartner 等人并没有停留在对间断均衡现象的客观描述上，而是继续发展了一系列概念、模型来论证间断均衡现象为什么会出现。总体上，按照间断均衡理论的演进逻辑，Baumgartner 和 Jones 并不是一开始就从微观层面解释间断均衡的成因，而是遵循了从宏观到微观的理论建构路径（李文钊，2018）。也就是说，早期的研究多是利用政策场所、政策形象、政策垄断、制度摩擦等概念从中观和宏观维度解释间断均衡的成因，之后才逐步发展了基于有限理性的不成比例信息处理模型来奠定间断均衡理论的微观基础。因此，本书将按照这一思路来回顾间断均衡理论的主要内容和代表性研究成果。

①间断均衡的结构性成因。1993 年，Baumgartner 和 Jones 首次用量化和比较的方法从宏观上论述了间断均衡的基本原理（Baumgartner、Jones，1993），这一原理可以用一句话来概括，即政策注意力的均衡与间断是政策形象与政策议定场所间互动的结果。"政策形象（policy image）"又称为政策图景，它指的是一个政策问题是如何被公众所理解和定义的（Baumgartner、Jones，2009），由于公众对同一个政策问题有不同倾向的认知和评价，因此，政策形象并非一成不变，而是随着时间的推移和环境的改

变，一个正面的政策形象也有可能转为负面的政策形象。“政策议定场所（policy venue）”简称为政策场所，它是指对政策议题享有决策或议定权力的主体形成的政策场域。例如，在 Baumgartner 和 Jones 的研究中，美国国会（Senate and the House of Representatives）及其下属的各个专业委员会（special committee）是最重要的宏观政策议定场所，它有权控制政策议题决定能否进入正式议程并得到讨论。当然，总统（president）、联邦政府（federal government）和各州政府（state government）、最高法院（the supreme judicial court）及其他监管部门也是重要的政策议定场所。间断均衡模型认为，政策注意力变迁是政策形象和政策议定场所间的互动和对政策垄断的打破，在一般情况下，政策场域内不希望改变当前政策的人或群体总是试图将其他行动者排除在外以维持政策现状或某种“正面”的政策形象，但随着时间的推移特别是危机或其他焦点事件的发生往往会使公众和媒体的注意力发生改变，原先正面的政策形象开始出现变化，与此同时，那些致力于推动政策变迁的行动者开始加入政策讨论，政策议定也从最初小范围的场域转向国会、联邦政府等宏观的政策议定场所，希望改变现有政策的人不再显得“势单力薄”，此时，政策垄断就会被打破，重大的政策间断就会发生，此后，新的政策形象和政策议定场所会被再次固定，政策过程也会再次回到均衡状态，直至下一次政策间断的出现。Baumgartner 和 Jones 利用美国杀虫剂、烟草等政策议题的历史数据和案例呈现出了间断均衡模型的全貌。

②制度摩擦何以影响政策间断。Baumgartner 等学者在从宏观上论述了间断均衡原理的同时，也尝试深入中观和微观层面来解释间断均衡的形成机制，为此，“制度摩擦（institutional frictions）”被提出并用来描述间断均衡模型的中观逻辑。Jones（2003）认为决策主体为了适应环境变化而做出决策时需要面对四种成本，即决策成本（decision costs）、交易成本（transaction costs)、信息成本(information costs)和认知成本(cognitive costs)。其中,决策成本和交易成本与决策者面临的制度环境和组织规则有关,它们常被统称为“制度成本”,借鉴物理学的思想,制度成本在政策过程中往往起到“摩擦力”的作用,会给政策变迁带来阻力,因而在间断均衡模型中被称为“制度摩擦”。Baumgartner 和 Jones 接着利用制度摩擦的概念来解释政策间断。具体来看,制度摩擦在政策变迁中起到了“负反馈”的作用,正如恒温箱中的温度调节机制可以通过释放更多的热量来适应不断下降的外部气温一样,制度摩擦力也会让公共政策形成一种“内稳态”,政策过程是渐进的,因为在 t 时刻的政策输出很大程度上都会被 t+1 时刻相反方向的政策输出抵消(Baekgaard 等,2018)。因此,如果没有克服制度摩擦,政策过程就会体现为平稳的渐进状态,而一旦突破制度摩擦,正反馈效应就会显现,并引起政策的突变。此外,制度摩擦概念的另一个重要意义在于它有助于实现对政策间断水平的客观测量,例如,通过利用政策过程不同阶段数据集的统计分布来判断制度摩擦大小对议程间断水平的影响。Jones 以美国为例,分别计算了反映公共政策过程不同阶段数据集的峰度值,其中,代表政策过程输出阶段的预算变化数据集的峰度值明显高于代表政策输入阶段的道琼斯指数数据集的峰度值,这显然是因为政策输出阶段承受的制度摩擦要高于政策输入阶段(Jones,2003)。

③间断均衡理论的微观基础(或行为基础)。正如经济学建立在对微观主体行为分析的基础上,间断均衡理论自诞生之初也在寻找和论证这一模型的微观基石。为此,Baumgartner 和 Jones 等人发展出了基于有限理性的不成比例信息处理模型,这一模型直接挑战了渐进主义理论坚持的“成比例信息处理模型(proportionate information processing model)”,该模型认为,外部环境的变化和决策者为回应环境变化做出的调整是成比例的,也就是说,决

策者的注意力分配是对称的，是能够持续跟踪环境变化并据此做出动态调整或及时制订解决方案以适应环境变化（Jones、Baumgartner，2005）的。但是，Simon 的有限理性决策理论的提出使人们意识到成比例信息处理模型似乎并不符合现实，因为人类的有限理性决定了人类处理信息的能力也是有限的，特别是注意力的稀缺性决定了合理配置注意力是任何个人或组织进行决策时的最大难题。因此，决策的原则是追求“满意”而非“最优”，基于这一思想，Baumgartner 和 Jones 等学者提出了不成比例的信息处理模型。不成比例的信息处理指的就是决策者在处理问题时的注意力分配会严重不均，从而导致过多地关注某一个问题或始终青睐某一个解决方案，这将造成决策者形成维护现状的偏好，这种不成比例的注意力配置模式深深植根于决策者的认知结构（Jones，2003）之中。对此，Baumgartner 和 Jones 做了很生动的举例：决策者偏好某一议题或某个计划，很多情况下仅仅是因为他之前接触过类似案例或对这一方案充满信心，而非一种理性判断。为了进一步验证不成比例的信息处理模型，Baumgartner 和 Jones 还通过系统仿真还原了政策过程的动态变迁，证明了制度摩擦和认知瓶颈是导致不成比例的信息处理的原因（Jones、Baumgartner，2005）。

总之，间断均衡理论提供了一个理解政策注意力分配及其长期变化的不同视角，这一理论指出：政策过程的平衡或停滞有时会被迅速或戏剧性的重新调整所打断。因此，决策者对特定政策议题关注的平衡状态会被偶发性的“间断”打破，这种“破坏”克服了决策者固有的认知瓶颈以及制度摩擦，这种制度摩擦本质上是一种负反馈机制，能够维持政策间的平衡。在任何时候，政策议程都充斥着各种相互竞争的问题。然而，决策者注意力的稀缺性和有限理性限制了其处理特定问题和实现政策调整的能力。相反，政策制定者对信息的过度反应，加上利益、制度或偏好的变化产生的“级联效应”会导致注意力的优先次序被迅速而急迫地重新排列。因此，间断均衡模型意味着，长期均衡是抗拒变化的负反馈过程的产物，而政策间断则是正反馈爆发的结果，正是这些正反馈不时地推动公共政策达到了新的均衡。间断均衡理论的意义绝不仅仅在于它超越了渐进主义模型对政策变迁做出更加符合现实的解释，更重要的是，这一理论开创的政策注意力“纵向+多议题”的研究范式带动了比较议程研究的兴起，而这一研究领域的内容十分多样，包括议程设置模式的国别比较研究、政策注意力配置影响因素的因果关系识别、预算变迁的间断均衡分析（预算变迁理论）以及政党注意力的比较研究等。

3. 比较政治视域下的政策注意力研究

间断均衡理论为政策注意力研究提供了核心概念、理论基础和多样化的研究方法，不过正如上文提到的，政策注意力的研究主题已不再局限于对间断均衡模型的描述和验证，学者们开始关心哪些因素会对政策注意力变迁产生影响，并开展制度环境与政策注意力之间因果关系的识别检验。通过梳理已有文献，本书将这些研究划分为三大类：一是宏观政治制度与政策注意力配置，二是大众政治诉求与政策注意力配置，三是其他因素与政策注意力配置。

（1）宏观政治制度与政策注意力配置

每个国家的政治制度都构成了各自独特的体制背景和组织结构，从而对本国的政策注意力配置产生影响，这里将着重介绍三种不同政治体制下的宏观政策注意力的动态。

①美国的政策注意力配置。在美国，总统和国会是最重要的宏观政策议定场所，因此这两大机构间的互动构成了美国宏观政策注意力的主要制度背景，以下三个代表性的研究有助于理解美国的政治制度是如何影响其注意力

配置的。Rutledge（拉特利奇）和 Larsen Price（拉森普莱斯）（2014）探究了总统对国会政策议程的影响，利用1956—2005年国会听证会以及总统发给国会的文件等文本数据集，旨在分析总统和国会在国防、环境、卫生健康、国际事务、法律以及宏观经济这六个政策领域上的议程关系，通过构建向量自回归模型（VAR）发现：在六个政策领域内，总统议程均对国会议程产生了显著的正向影响，这充分证明了总统的议程领导能力（agenda leadership capacity）。此外，该研究还发现总统与国会之间的议程关系是一种“议题依赖关系”，在国际事务领域，总统注意力对国会注意力的实质性影响最大。Lovett（洛维特）等人（2015）利用1953—2005年间总统国情咨文和国会听证会在19个政策议题上分布的面板数据，实证检验了总统国情咨文对国会注意力的影响以及总统支持率对上述关系的调节作用。结果表明那些支持率较高的总统确实可以促使国会把注意力转移到总统所最关心的政策议题上来，在支持率较低的总统上身上却不存在上述效应。Sheingate（2006）则实证研究了美国的“国会委员会体制”如何塑造了政策注意力的动态，这项研究利用了1972—2001年国会针对生物技术类议题的130次听证会的文本数据和负二项回归方法（negative binomial regression），研究发现在生物技术议题上，那些注意力范围较广的国会委员会比注意力范围较窄的国会委员会表现得更为活跃，这说明不同类型的次级国会系统具有不同的议程吸纳能力。

②议会民主制国家的政策注意力配置。与美国相比，欧洲国家的制度环境更加多样，议程设置模式也各具特色。英国的政治制度被称为“威斯敏斯特—白厅体制（Westminster Whitehall System）”，这一学院派和俱乐部式的政策制定模式与美国相比略显“封闭”和“隐秘”，因而其政策过程常常追求共识而非分歧。John（约翰）和 Jennings（詹宁斯）（2010）基于英国女王1940—2005年议会演讲数据集的纵向研究表明，传统的制度摩擦模型没有为

"二战"后英国宏观政策的间断提供有力的解释，该研究认为，英国政策体系中相对缺乏制衡和制度摩擦，这为英国宏观政策的几次剧烈变化和不稳定提供了更有说服力的解释。与英国独特的威斯敏斯特体制相比，西欧更多国家的政治体制体现为联盟制，也就是政府由多党联盟组成，政府换届可能意味着联盟中某个或某几个政党的更换，但很少涉及所有成员的更替。基于1945—2007年荷兰女王议会演讲编码数据集的研究表明，荷兰执政联盟成员的变化并不会导致政府注意力结构产生较大的改变，新任命的政府只是略微改变了主要政策议题的注意力分配（Breeman等，2009）。比利时同样是一个联盟制国家，Walgrave（沃尔格雷夫）和Varone（瓦隆）（2008）利用案例研究方法考察了间断均衡理论是否适用于比利时这样一个与美国体制较为不同的国家，他们发现1996年"杜特鲁克斯（Dutroux）被捕"这一焦点事件生成了一个新的政策场所（一个新的议会委员会）和一个新的政策形象（警察部队的统一），但却没有引起太大的政策变化，其原因就在于执政联盟成员的阻挠，因此，考虑到不同的体制背景，在运用间断均衡理论分析联盟制国家议程变化时，需要考虑政党的关键作用。Martin（马丁）（2004）利用比利时（1979—1992年）、德国（1983—1994年）、卢森堡（1979—1994年）和荷兰（1979—1994年）这四个欧洲联盟制国家政府法案的数据集，实证检验了政策议题吸引力对议程设置的影响。结果表明，联盟制政府追求的基本上是"宽松"的议程，那些对联盟中所有伙伴更有吸引力的问题的政策倡议更可能会被优先列入正式议程，而那些相对没有吸引力的议题的政策倡议总是会被搁置。

③多层次治理结构中的政策注意力配置。国家层面的注意力分配往往体现了一种单层次的治理结构，在现实中，多层次治理结构比比皆是，它也是政策议程设置面临的重要环境因素。现在已有文献关注了两种比较常见的多

层次治理结构。第一类是关于欧盟体制中的政策注意力配置。欧盟与其成员国间形成了一个多层次的治理结构，Bevan（贝文）（2015）通过对1987—2008年英国法律文书按主题和部门的编码进行时间序列分析后发现，英国政府的议程和欧盟的法定议程均对英国行政机构的注意力有显著的影响，实证分析进一步表明，欧盟的议程对执行欧盟指令的法律文书具有排他性影响，上述发现为多层次治理结构影响官僚机构的议程设定提供了充足的经验证据。Alexandrova（亚历山德罗娃）等人（2016）关注在欧盟这样一个多层治理结构中是否存在“政策回应”，也就是欧洲理事会是否会对欧洲公民政策注意力的转变做出及时反应，笔者探讨了2003—2014年“公民认为最重要的问题”与对这些问题的政策关注之间的共时性和历时性联系。研究表明，2008年之后的经济危机似乎让公众关注的问题与欧洲理事会的政策注意力更加相似。然而，随着时间的推移，大家几乎没有发现欧洲理事会会对公众关心的问题进行动态回应的证据。Häge（赫格）（2016）建立了一个新的数据集，它涵盖了欧盟1995—2014年间政策活动的所有领域，该数据集由欧洲理事会工作小组7万多次会议的日期、持续时间和政策文本编码组成，基于该数据集的实证分析表明，欧盟决策者的注意力分配是被动的，而不是主动的。例如，尽管欧洲移民危机迫在眉睫，但在数据集的最后几年，欧盟对移民政策的关注度有所下降，此外，2008年金融危机爆发后，人们对金融监管和财政稳定的关注才有所增加。Alexandrova等人（2012）则尝试利用1975—2010年欧洲理事会发布的所有经过主题编码的政策文本的数据集来检验间断均衡理论是否可以解释欧盟宏观政策注意力的变迁，研究显示在整个36年的时间里，欧洲理事会的政策议程动态均符合间断均衡的一般逻辑，并且政策议题变得越来越多样，但也呈现出振荡模式的偶然性集中，这可以用欧洲理事会作为一个政策场所面临的组织环境解释，即欧盟多层级的治理结构促使成员国制定更加多样化的议程，但组织能力的有限性和对各类信息做出反应的需要导致了在特定时间点上政策注意力的集中。第二类多层次治理结构的议程设置涉及地方政府的政策注意力。由于需要考虑中央政府和同级政府间的影响，地方政府也在多层次治理结构中进行议程设定。不过，国外关于地方政府政策议程的研究并不多，Breeman（布雷曼）等人（2015）关注了荷兰6个自治市在25年间的政策注意力变迁，研究结果显示：荷兰中央和地方间关系的一些制度安排确实会对地方政府的注意力模式产生影响，如权力下放。研究表明地方政府更注重“教育文化”“住房”和其他与当地社区直接相关的事项，而中央政府主要关注“宏观经济”“社会事务”“劳工”“卫生”和“外交事务”等。

（2）大众政治诉求与政策注意力配置

公众和媒体舆论关心的事情是否会影响决策者的政策注意力？一些重要事件的发生是否会改变政策议程的发展轨迹？除了宏观的体制环境和组织结构外，公众意见、媒体报道以及焦点事件成为影响政策注意力配置的重要外部因素，不少学者围绕上述三类变量展开了实证研究。

在政治学文献中，公众意见（public opinion）又被称为公众优先事项（public priority）或大众需求（public demand），它反映了公众关心的政策问题。Klüver（克吕弗）和Sagarzazu（萨加萨苏）（2016）基于对德国媒体2000—2010年发表的4万多篇报道的量化分析后发现，政府从民意中得到启示，并强调那些公众关心的政策问题。因此，政策议题间的竞争是政府回应选民关切的自下而上的过程，而不是政府为了加深选民对某些议题印象的自上而下的过程。Klüver（克吕弗）和Spoon（斯普恩）（2016）利用欧洲18个国家1972—2011年63次选举的面板数据实证检验了政党注意力对公众优先事项反应存在的异质性，他们发现，规模较大的政党对公众的政策关切往往能做出更积极的回应，而那些较小的政党往往不会对公众的关注做出及时有效的回应，但是他们会对其支持者关心的问题做出积极响应。Jennings 和 John（2009）利用盖洛普“公众最关心的问题”这一调查数据和 1960—2001 年英国历届新议会开幕时女王演讲稿的编码数据集，通过误差修正模型（ECM）实证检验了公众注意力对政策注意力配置的影响。结果表明，公众意见和宏观政策议程处于一种长期的动态均衡，但也会受到短期调整的影响，行政和立法注意力对公众关于宏观经济、健康、劳动和就业等主题具有短期响应性，对于教育、法律和国防等议题具有长期回应性。

媒体关注对政策注意力的影响早在间断均衡理论提出伊始就得到了重视，因而间断均衡模型认为媒体报道具有改变政策形象进而引发政策间断的作用。Walgrave 等人（2017）利用 1996—2006 年美国《纽约时报》新闻注意力和国会听证会主题编码等数据集，实证检验了媒体信息对政策议程的影响。结果表明，媒体关注对国会政策注意力的影响是由突然出现的舆论风暴和媒体对某一特定话题的关注的激增决定的。在舆论风暴中，媒体关注增加一个单位就会对国会议程产生更大的影响，这是因为媒体风暴已经超过吸引决策者注意力的“关键阈值”。Vliegenthart（维列根哈特）等人（2016）利用欧洲六个国家媒体报道和议会立法议程的纵向数据集探究了媒体对抗议活动的报道是否会影响议会注意力，他们发现媒体对某一问题的关注越多，议会提出的有关该问题的议程就越多，然而，这种关系在更广泛的意义上是由大众传媒的中介效应决定的，即抗议这一焦点事件不能直接影响议会的注意力，而媒体的报道在其中扮演了中介作用。Sevenans（塞弗南）（2018）则进一步研究了媒体关注影响决策者注意力的具体机制，基于对比利时、加拿大和以色列政府部门决策者的调查问卷和嵌入式实验（N=410），这项研究检验了新闻媒体对某一问题的报道如何引起决策者对该问题的关注，结果表明，当一段信息通过媒体而不是通过个人电子邮件传播时，它会得到决策者们更多的关注。也就是说，媒体对决策者注意力的影响在一定程度上是由决策者对媒体本身的回应（媒体的渠道效应）决定的，而不是出于对媒体报道内容的回应（信息效应）。

值得注意的是，大众政治诉求对政策注意力的影响往往和“焦点事件”密不可分，在间断均衡理论中，焦点事件常常能引起大众和媒体对某个政策议题的关注，促使政策形象和政策议定场所的改变，从而引起重大政策变革。Froio（弗洛里奥）等人（2018）利用英国两党政策议程、媒体注意力、民意等时间序列横截面数据建立了自回归分布滞后模型（ADL），他们发现媒体和公众关注的变化，特别是一些意外事件的发生会导致政党无暇顾及他们在选举时做出的承诺，这一研究结论再次凸显了决策者经常需要在稀缺的注意力资源和外部环境变化间进行权衡的状况。

4. 当代中国的政策注意力研究

近年来，政策注意力已成为中国政治学和公共政策研究的热点议题，在中国知网以“政策注意力配置”“政策议程”“议程设置”等关键词检索后发现，近五年在CSSCI检索的核心刊物上发表的相关学术论文已超过二百篇。此外，在国外学术期刊发表的中国政策注意力研究论文的数量近年来也呈上升趋势。为了清晰地呈现当前中国政策注意力研究的脉络和重点，本节将从以下四个方面来回顾这一主题的研究动态。

（1）政府与决策者的注意力配置

在西方国家，学者们常常利用国家元首或政府首脑的公开演讲（如国情咨文、国王在议会开幕式上的演讲、首相的施政报告等）、国会听证会记录、议会法案、政府命令等来测度和分析决策者或政府的注意力配置。在中国，同样存在多样化且具有中国特色的素材被用来探究决策者的注意力配置，这些素材包括领导批示、官员的视察调研、政府工作报告等。表 2-1 列举和归纳了相关代表性研究。

表 2-1 关于中国政府及决策者注意力配置的文献举例

主题	简要介绍	研究方法	代表文献
领导批示	批示是中国政策过程的一个特色。决策者在书面材料上做出批示以提出对政策问题的要求或看法，而选择什么问题进行批示则反映了决策者的偏好，因此它常被用来测量各级官员的注意力。例如，陶鹏和初春（2020）通过构建中央、省、市三级政府首长的批示文本数据库，从比较视角分析了层级间决策者注意力配置的稳定性和多样性	这类研究常对批示进行编码，并实现决策者注意力的可视化。此外，也有少量研究尝试利用编码数据进行回归建模和因果推断	陶鹏，初春，2020；张程，2020
视察调研	在中国，定期到各地各单位进行视察调研也是决策者日常工作的重要组成部分，因此，每次视察调研的主题和内容就成为反映决策者乃至当地政府注意力配置的重要指标。例如，Ren，Zhou，Hu（2018）利用 2009—2012 年中央领导在全国各地的视察数据和国家发改委家庭调查的纵向数据集，基于差分法估计了视察调研对地方政府绩效的影响，结果表明领导的视察调研能够促进地方政府提高治理绩效	这一类文献多通过统计领导视察调研的政策主题及其频数或频率为回归建模提供基础数据	李振，2018；Ren，Zhou，Hu，2018
政府工作报告	政府工作报告是中央和地方各级政府的年度施政纲领，其作用类似于西方国家的国情咨文，因此不少研究通过对中央或地方政府工作报告的文本分析来测量和呈现政府的注意力配置。例如，魏伟等（2018）基于文本挖掘方法对 1954—2017 年国务院政府工作报告文本进行了多粒度、多层次的分析，提取了报告的热词、新词和频繁词，并对特征词序列展开聚类分析；王印红和李萌竹（2017）利用 30 个省级政府 2006—2017 年的政府工作报告，分析了各地区政府对环境治理的注意力，基于时间和空间两个维度来观察地方政府对环境问题重视程度的演变	大部分研究通过文献计量对政府工作报告中反映某个政策主题的关键词词频展开分析，部分研究会进行共词分析。此外，一些研究也开始使用文本挖掘技术，如聚类分析	王印红，李萌竹，2017；魏伟，郭崇慧，陈静锋，2018；杨君，郑雪，王韵琪，2018；王楚君，许治，陈朝月，2018；陈星平，毕利娜，吴道友，2020；吴宾，唐薇，2019

（2）特定领域政策注意力的变迁规律

国内政策注意力研究的另一个焦点就是对特定领域政策注意力变迁过程的研究，这些研究多采用案例分析或文献计量法来呈现某个领域的政策变迁的历程及其特征。现今已有的文献关注的政策主题十分广泛，包括社会组织管理（李健、成鸿庚、贾孟媛，2018）、城市交通（文宏，2014）、社会救助（魏娜、缪燕子，2018）、人口与社会治理（李金龙、王英伟，2018；张越、陈丹，2020）、环境保护（郑石明、彭芮、高灿玉，2019；邬龙、王晓蓉、迟远英，2019；高新宇、吴尔，2020；王颖、王梦，2020）、科技（Huang，Su，Xie，et al.，2015；孟溦、张群，2020）、城市生活垃圾治理（龚文娟，2020）、扶贫（尹云龙，2019）、网约车监管（李毅，2019）、卫生健康（吴文强、郭施宏，2018）、教育（张慧、查强，2019）、互联网治理（孙宇、冯丽烁，2017）、退役军人事务（刘纪达、王健，2019）等。表2-2是对其中一些代表性文献的归纳梳理。总体来看，虽然这些文献的研究对象千差万别，但仍具有一些共性：首先，这些研究依托的理论基础集中在政策变迁、政策网络、间断均衡、倡导联盟等几类，研究目的也在于用这些理论解释中国特定领域的政策注意力的变迁或讨论这些理论模型的适用性；其次，除了传统的案例研究外，大部分文献在研究方法上采用文献计量学，即通过对政策文本关键词的共词分析、对政策发文单位的网络结构分析以及政策主题的时间序列分析来揭示某个领域政策变迁的历程；最后，这些研究侧重于描述现状、总结经验和提出建议，鲜有对政策注意力变迁影响因素因果关系的实证检验。

表 2-2 特定领域政策注意力变迁研究举例

领域	理论基础	研究内容	研究方法	参考文献
科技政策	政策网络理论；政策变迁理论	基于中国公共政策数据库中获取的 4707 项科技政策，该文探讨了 1949—2010 年中国科技政策的演变过程以及核心政府机构在政策制定中的作用。研究发现：中国科技政策的重点主要集中在应用研究和产业化上，而不是基础研究；越来越多的政府机构参与科技政策的制定中，但合作力度并没有显著增加；不同科技政策的影响取决于负责起草这些政策的机构的级别	文献计量学：共词分析、网络分析和引文分析	Huang，Su，Xie，et al.，2015
环境治理	政策变迁理论	以 2005—2018 年国家出台的 128 份大气污染治理政策文本为对象，建立文本关键词关联网络并利用凝聚子群识别和主题相似度测算不同时期大气治污政策的变迁路径，并分析其特征和演变规律	文献计量学与文本挖掘	邬龙、王晓蓉、迟远英，2019
社会管理	间断均衡理论	考察 1949 年至今我国户籍管理政策的变迁过程，并利用间断均衡理论解释这一过程，研究发现间断均衡可以解释中国户籍政策的变迁过程，但仍存在局限性，主要表现为中国社会组织和公众参与与西方利益集团的动议模式存在差异	个案分析	李金龙、王英伟，2018
职业教育	政策网络理论；注意力配置理论	作者获取了我国在 1978—2017 年间颁布的 537 份职业教育政策文本，通过社会网络分析、政策力度算法等分析我国职业教育政策颁布主体间的网络关系、政策力度得分以及政策主题的变迁和网络结构	文献计量学：关键词的时间序列分析、共词分析以及网络分析	张慧、查强，2019

续表

领域	理论基础	研究内容	研究方法	参考文献
公共卫生	倡导联盟框架	基于倡导联盟框架，以中国卫生政策为例，识别了中国政策变迁的四种基本类型：政策维持、政策更续、政策叠加和政策替代，而价值共识水平、政府现状偏好是塑造上述政策变迁类型的关键变量	个案分析	吴文强、郭施宏，2018
退役军人安置保障	政策变迁理论	基于 1978—2019 年颁布的 310 份与退役军人保障相关的政策文献，利用文本挖掘法对政策内容、政策机构间的网络关系以及政策主题变迁开展分析，归纳退役军人保障政策的变迁路径和演化规律	文本挖掘与文献计量法：聚类分析、共词分析和时间序列分析	刘纪达、王健，2019

（3）政策议程间断均衡特征的识别

在经典的比较政策文献中，对间断均衡特征的检验及其成因分析已经成为一个相对独立的文献领域，这些研究遵循 Baumgartner 和 Jones 开创的议程设置动力学方法，通过获取政策过程不同阶段的数据（如政府首脑演讲稿、议会提问和质询记录、政府例会会议纪要、立法法案、媒体报道、民意调查等），在对这些文本进行主题编码后将其转换为可计算的数据集，并引入“时间轴”来进一步开展时间序列分析，即判断政策注意力变迁的间断均衡程度、注意力结构中议题的多样性和竞争性等。尽管关于当代中国议程设置动力学的研究并不多，但有学者已经开始尝试利用中国的数据来验证当代中国政策注意力变迁是否符合间断均衡的逻辑。例如，邝艳华（2015）基于我国 30 个省在 2000—2010 年的环保支出数据，检验了地方政府环保支出的间断均衡特征，之后作者还进一步构建了面板数据，实证检验了决策者注意力和制度摩擦对政策间断的作用。曹堂哲、郝宇华（2019）以教育领域为例考察了我国政策议程的变迁以及媒体注意力与政策注意力之间的关系，作者获取了1989—2017年中国主要报纸对教育政策的相关报道，用以测量媒体注意力，同时也从相关年鉴中获取了中央政府在同时期出台的教育政策，在对数据进行编码整理后，作者综合利用相关系数、ADF单位根检验、多元变量的格兰杰因果检验以及比较峰度分析等方法，分析了中国教育政策变迁的间断均衡程度，同时还发现媒体注意力对政策议程的影响并不显著，即便有影响，持续时间也很短。李文钊、庞伟、吴珊（2019）则较为全面地研究了中国财政预算变迁的间断均衡特征，他们利用2007—2019年全国、中央和地方财政预算数据，检验了政策间断和制度摩擦的多个理论假设，并将中国预算变迁的间断水平与西方国家进行了比较，发现中国中央政府预算变迁的间断水平接近英国、美国、德国、丹麦、比利时等西方国家。不过，Chan & Zhao（2016）基于1995—2012年中国中央政府以及28个省级政府财政支出数据的研究却显示，无论是中央还是地方政府，中国财政支出的间断程度都远高于西方国家，作者将这一结果归因于政府的“信息劣势”。

（4）政策注意力配置的结构性成因

政策注意力研究不仅要关注议程的结构及其变迁规律，更重要的是要探究哪些因素影响了政府的注意力配置，特别是制度环境对政策注意力的塑造作用。国外学者立足西方国家的制度背景对这一问题做了大量研究，而有关当代中国政策注意力配置影响因素的实证研究相对较少。

练宏是国内系统开展组织注意力配置研究的学者，他首先较为全面地回顾了注意力配置在心理学、经济学、管理学、组织学和社会学等不同学科语境下的研究内容和主要论点，之后提出了应当开展跨学科研究以实现注意力研究在概念、视角和方法上的融合，此外，他还提出五个影响组织注意力配置的维度，即社会结构演变、再社会化机制、权力机制、激励机制和非正式力量（练宏，2015）。之后，练宏（2016）又从激励机制视角分析了中国政府组织中广泛存在的“注意力竞争”现象，通过细致的田野调查，他发现中国政府内部是一种“多委托多任务”的激励结构，这一结构造成委托方对受托方的激励强度取决于委托方的权威地位，这进一步造成了政府机构内部的注意力“戴帽”的竞争行为。例如，很多政府的下属职能部门本可以依托本部门的职责开展工作，但却常常需要借助党委的权威来推动工作。尽管练宏的这项研究采用了田野调查和个案分析而没有利用基于大样本的因果推断，但他还是敏锐地注意到了中国独具特色的多委托多任务激励结构对组织注意力配置的影响，这为理解中国制度环境与注意力配置间的关系提供了重要的分析视角。此后，陆续出现了一些研究来继续深化对这一问题的认识。例如，张程（2020）利用某市官网上市长信箱的邮件文本编码数据集，通过建立 logit 回归模型检验了我国科层组织中影响决策者注意力配置的因素，结果表明，在市长信箱中，那些被上级政府列为“一票否决”的政策问题更容易得到决策者的回应，此外，那些需要跨部门解决的问题同样更容易得到回应，但是“一票否决”事项的优先性明显高于那些“组织协同”事项。赖诗攀（2020）同样关注了中国地方政府内部的注意力竞争现象，他利用全国 287 个地级市政府 1999—2010 年市政路桥和排水建设的支出数据，通过建立混合效应模型后发现，在中国的科层体系内，那些容易测量绩效的任务和不容易测量绩效的任务间存在着竞争关系，前者往往会争夺后者的政策注意力，这一现象与我国地方政府相对绩效评价和短期政绩信号两个强激励机制有关。实际上，张永军和梁东黎（2010）较早就注意到了这一现象，只不过其研究视角略有不同，他们认为由于晋升激励的存在，地方政府有发展经济的强烈意愿，但是这一激励机制同样也使地方政府对不同的公共产品和公共服务形成了差异化的注意力配置策略，那些对官员晋升影响不大的领域，如教育、卫生、住房等往往得不到太多关注，进而造成这些公共产品的供给总是低于社会总需求，不过，他们的研究并没有给出更多的经验证据。此外，也有一些学者尝试以“运动式治理”作为分析框架，阐述这一机制对政府注意力配置的影响。运动式治理是描绘中国国家治理逻辑和政府运作的一个重要概念，它是指当常规的科层式治理无法解决一些治理难题时，党和政府就会启动自上而下且高度动员的治理模式以集中资源应对这些挑战（Cell，1977；周雪光，2011）。刘志鹏（2020）发现地方政府常规性运动式治理（如定期开展的城市环境整治、示范城镇评比、道路违法行为集中整治等）的开展能够吸引上级政府的正面注意力，同时也可以转移公众的负面注意力。徐岩、范娜娜、陈那波（2015）认为，常规治理和运动式治理本质上都反映了决策者的注意力配置，而合法性承载有利于解释注意力如何在常规和运动式治理间转换与分配，也就是说，由较高层级政府发出的政策议题往往具有较高的合法性承载，它会吸引地方政府更多的注意力，进而引发运动式治理方式。

总体来看，关于中国制度环境对政策注意力配置影响的研究具有以下三个特点：第一，这些文献往往不针对特定的政策领域，而是侧重于归纳政府注意力配置的一般规律，讨论中国的制度环境对议程变迁或决策者注意力配置的影响；第二，中国政府结构中的层级关系、条块关系以及由此产生的激励结构成为政府注意力研究关注的焦点；第三，从研究方法上看，大部分研究属于个案分析，基于大样本的因果推断研究相对较少。

5. 政策注意力研究的方法范式

研究方法是保证理论科学性和合理性的基础。受 Simon 行为主义范式的影响，政策注意力研究也形成了一套规范的实证方法体系。早期的政策注意力研究多采用编码与内容分析、案例研究以及一般的统计学检验等，随着心理学、经济学以及信息科学与注意力研究的交叉融合，计量建模、数据挖掘、仿真以及实验等方法也被大量引入。

（1）经典的政策注意力研究方法

①编码与内容分析

识别政策文本的主题是开展政策注意力研究的第一步。面对法律议案、政策文件、首脑演讲、媒体报道等各种各样的文本数据，研究者需要对文本中的段落、句子进行编码，从而获得该文本的主旨和关键词，因此，编码是政策注意力研究中最基础、最重要的研究方法（Quinn 等，2010）。当然，编码与内容分析也经历了一个发展过程。早期的编码其实就是通过研究者的阅读（reading）来诠释文本内容，这种人工的阅读与内容诠释不需要预先确定好政策主题的数量和类别，而是直接通过逐个查看文本内容后就将其归纳进某个类别中，因此，这一方法具有相当强的灵活性，但这同时也给注意力研究带来了巨大的成本，一方面，当人们尝试阅读大量的政策文本，如阅读超过几十年上千万字的美国国会记录时，这种人力成本和时间成本是难以想象的；另一方面，文本诠释对研究者的要求非常高，需要研究者储备大量的专业知识并具备良好的逻辑思维能力，当遇到有歧义的内容时，人们还需要开展激烈的辩论。由于阅读法的这些弊端，人工编码（human coding）逐渐成为政策文本分析的主流方法（Ansolabehere、Snowberg、Snyder，2003；Budge 等，2001；Ho、Quinn，2008；Klingemann 等，2006）。人工编码的特点在于研究者需要事先知道政策主题的类别，但从文本到类别的精确映射却是未知的。两个编码员对同一个政策文本的内容进行编码，之后通过可靠性检验（编码一致性检验），研究者就可以判断两个独立的编码员是否得出了相同的结论，如果两人对某个文本或内容的编码一致性得分较低，就需要通过讨论或引入第三方来解决争端。与阅读法相比，人工编码的成本相对较低，但这一方法的初始成本很高，因为要获得一个科学且可行的分类方案，通常需要专家在事前开展大范围和长时间的论证。随着计算机技术的发展，学者们又进一步提出了基于词库的自动编码方法（dictionary-based coding）（Gerner等，1994），在这一方法中，研究者需要开发一个包含主题关键词和短语的词典，某些单词和短语可能表示属于某个特定类别，之后便可以利用计算机的自动编码程序来建立政策文本与政策主题间的映射。因此，与人工编码一样，该方法也需要提前知晓主题类别，并且还需要知道某个主题类别下的关键词和短语，只有当满足所有的这些条件时，基于词典的编码才能快速而高效地使用。不过，与手工编码一样，该方法的启动成本非常高，构建一个合适的词典通常是一个服务于特定问题的任务，因而需要充分且深入的专业知识，并且需要反复大量的试验。

总体上看，编码和内容分析仍然属于典型的质性研究方法，尽管有学者开发出基于词库的自动编码技术，但这一方法依然需要“专家知识”来提前确定好主题类别。鉴于编码的重要性，Baumgartner 和 Jones 较早开发了一个政策议程编码本（Comparative Agenda Codebook），依托比较议程项目（CAP）强大的专家和数据资源，该编码本在提出后得到了不断的更新和完善，最新的版本更新于2019年年初，其中共包含21个一级主题和220个二级主题，该编码本为研究者提供了编码的规则和具体案例。由于该编码本参考了多个西方国家的政治体制背景和政策文本数据，因而它提供的编码规则的适用范围较广，目前有关欧美国家的政策议程研究绝大多数都使用了该编码本。

②案例研究

个案分析（case study）一直是早期政策科学研究中备受青睐的方法，著名的政策议程多源流理论就是作者对美国宏观政策形成过程案例的提炼与升华。在政策注意力研究初期，Baumgartner 和 Jones 同样利用案例分析来阐述美国政策过程的间断均衡特征。例如，他们分别以美国的民用核电、杀虫剂、吸烟、城市管理以及汽车安全等领域的议程变迁为案例，提出了政策形象、政策议定场所、政策垄断等概念，并论证了间断均衡的存在。此后，个案分析在政策注意力文献中被频繁使用（Roberts、McCombs，1994；Pralle，2006；Princen，2011）。案例分析的最大优势就在于它能够呈现出不同主体在注意力配置过程中的互动，从而动态地刻画注意力变迁的规律，因而案例研究有利于形成一个完整生动的议程设置叙事（narrative of agenda setting）。但是，案例研究结论的普遍性和解释力依然存在局限，对于因果关系的识别往往还需要借助于大样本的实证检验。

③统计学检验

在政策注意力研究早期，一些统计学方法被引入用来检验政策议程的间断均衡特征以及政策议程的多样性，这些统计学检验方法包括：

一是对注意力变迁是否符合尖峰分布（leptokurtic distribution）的检验（Breunig、Jones，2011）。尖峰分布检验来源于随机过程方法（Stochastic process methods），当得到反映政策过程长期变化的数据集时（如政府年度预算变迁的数据），可以通过计算数据集的峰度（kurtosis，K）和偏度（skewness，S）来定量判断其分布状态是否属于尖峰分布。一般地，当 K 等于 3 时，数据集属于正态分布，当 K 大于 3 时则属于尖峰分布，K 值越大，波峰愈加陡峭；同理，当 S 等于 0 时，数据集为正态分布，大于 0 则为右偏分布（正偏分布），小于 0 为左偏分布（负偏分布）。政策变迁符合间断均衡规律就意味着其数据集的分布状态属于尖峰分布，“尖峰”表明频繁的变化很少或不存在，“瘦肩”表明中等程度的变化也不多，而“肥尾（正偏分布）”则表示数据呈现出更多的比正态分布更极端的变化。

二是对政策注意力中议题多样性的测量（Boydstun 等，2014）。学者们发展出两种测量议程多样性的统计学方法，第一种是赫芬达尔指数（Herfindahl Index，HHI），它是源于经济学的一种衡量市场集中度的方法，其目的是测量某一特定商业部门的权力垄断程度；第二种方法是香农 H 值（Shannon H Index），这是一种信息熵的度量，源于信息论，它的计算方法借用了热力学第二定律。在已有的研究中，香农 H 值往往被更多文献采用，在关于议程设置（Baumgartner 等，2000）、比较政策注意力（Jennings 等，2011）、议程变化及其转移（Talbert、Potoski，2002）、美国国会委员会的管辖权及其议程设置（Sheingate，2006）等文献中均使用了这一方法。

三是其他关于间断均衡特征的统计学检验。除了通过测量议程数据集的峰度和偏度来检验其间断均衡特征外，还有一些统计学方法也可以实现这一目的，包括夏皮罗—威尔克检验（Shapiro - Wilk test，W 检验）、柯尔莫可洛夫—斯米洛夫检验（Kolmogorov-Smirnov test，D 检验）、夏皮罗—弗朗西亚（Shapiro-Francia test，W' 检验）等。这些方法本质上也是用于判断数据集的分布特征，它们的差别主要在于适用的样本含量，W 检验适用于样本量 $n\leqslant50$ 时，当 $50<n<100$ 时，W' 检验的效率可能更高（Razali、Wah，2011）。

（2）政策注意力研究方法的新进展

①计量回归建模

随着政策注意力研究的深入，特别是比较议程项目中各类文本编码、政府预算等基础数据集的完善，学者们已经不满足于利用一般的统计学方法去呈现或检验注意力变迁的规律，而是希望探究影响政策注意力配置的各种因素，同时开展因果关系的识别检验。为此，在经济学研究中被广泛使用的回归分析被引入政策注意力研究。表2-3列举了近年来部分有代表性的利用计量经济模型开展的相关研究。

表2-3 基于计量经济模型的政策议程设置研究举例

文献出处	研究问题	计量模型
Vliegenthart、Walgrave、Zicha，2013	偏好、信息和制度（以及三者的交互作用）如何影响比利时议会的议程设置	分层回归 Hierarchical Multiple Regression
Jennings、John，2009	公众意见如何影响英国女王演讲中的议程设置	误差修正模型 Error Correction Model
Mortensen、Green-Pedersen，2015	欧盟议程和英国政府议程如何影响官僚组织的正式议程	误差修正模型 Error Correction Model
Rutledge、Larsen Price，2014	美国总统的政策议程如何影响国会的议程设定	向量自回归模型 Vector Autoregressive Model
Jennings等，2011	政府的核心职能（核心政策议题）对议程多样性的限制作用（检验议程中是否存在挤出效应）	自回归分布滞后模型 Autoregressive - distributed Lag Model
Sheingate，2006	委员会的管辖权限如何影响国会议程的动态	负二项回归 Negative Binomial Regression
曹堂哲、郝宇华，2019	媒体注意力是否能够影响政府的议程设置	自回归模型 Autoregressive Model

②机器学习与数据挖掘

上文已经提到，当面对成千上万份的政策文本时，不管是手工编码还是基于词库的自动编码，花费的时间成本和人力成本都是巨大的，而且还容易出现编码偏误（coding bias）。随着数据科学的发展，有监督的机器学习技术（supervised machine learning）被应用于政策文本的量化分析（Purpura、Hillard，2006；Hillard等，2007；2008），这一方法可以帮助编码者完成“大数据量级”政策文本的自动编码。基于机器学习的自动编码方法的原理并不复杂：首先，需要对作为训练数据的文本子集和作为测试数据的文本子集进行手工编码；其次，使用机器学习算法，来尝试推断训练集中从文本特征到手工编码类别的映射，通过将推断出的映射关系应用到测试数据集并计算样本外的预测精度来评估机器学习是否成功；最后，当模型的预测结果达到某个预定的准确率后，就可以将其应用于其他未进行编码的文本中，实现文本的自动分类。不过需要注意的是，机器学习假定目标类别为已知的和固定的，即必须识别出一些可能相关的特征，只不过算法会确定哪些特征是相关的，以及它们会如何映射到目标类别中。一些算法将从文本特征到类别的映射限制为参数形式，而另一些则是非参数形式。由于有监督的机器学习需要对文本进行一些人工编码来构造训练集和测试集，因此这一方法的初始成本依然较高，与人工编码法的启动成本大致相同，它比手动编码法表现得更好的地方是对大数据量级文本的处理，因为整个过程是完全自动化的，政策文本可以很快地分配到相应的类别中。

手工编码、基于词库的自动编码以及有监督的机器学习这三种方法的一个共同点就在于它们需要提前确定一个政策主题的分类标准，但在很多情况下，面对不同类型、不同内容的政策文本，研究者很难事前确定一个“尽善尽美”的类别体系，而主题建模（topic modeling）则能够很好地解决这一难题。与有监督的机器学习尝试使用统计技术将手工编码过程自动化一样，主题模型也尝试通过自动化的“阅读”来完成文本的主题分类，不过与手工编码、基于词库的自动编码或有监督的机器学习不同，这一“阅读”的关键假设是目标类别及其相互关系是未知的，即目标类别是推理的对象。主题模型假设关键词揭示一个文本主题的相关特征，并且它假设单词到主题的映射采用特定的参数形式，也就是说，主题模型旨在识别（而不是假设）主题的类别、描述关键词到主题映射的参数以及任何给定政策文本的主题标签。目前，最常见的主题模型就是隐含狄利克雷分布模型（latent dirichlet allocation，LDA），它属于概率主题模型的一种，通过语义简化（如词袋假设）来发现文本中的潜在主题（Blei 等，2003），这一方法在政策文本量化研究中得到了广泛应用。此外，还有关联主题模型（correlation topic model，CTM）（Blei、Lafferty，2006）、动态主题模型（dynamic topic model，DTL）（Blei、Lafferty，2006）等。

③其他方法

还有一些前沿研究方法也被用于政策注意力的相关研究。例如，系统仿真可以模拟公共政策的一般过程，从而用来发现和验证间断均衡的规律。Baumgartner 和 Jones 在他们的代表作《注意力的政治》（*The Politics of Attention*）一书中大量运用了系统仿真的思想和方法，模拟了不成比例的信息处理、成本结构模型以及政策变迁中的制度摩擦作用，从而揭示了有限理性和制度摩擦的共同作用，也导致了决策者不成比例的处理信息，而这又进一步造成政策变迁的长期均衡会伴随着突发且剧烈的政策间断（Jones、Baumgartner，2005）。

(3) 政策注意力研究常用方法比较

表 2-4 总结了上述议程设置文献中常见研究方法的应用场景、方法优势和可能存在的局限。

表 2-4 政策议程文献中常见研究方法的比较

研究方法	应用场景	方法优势	可能存在的局限
编码与内容分析	常用于对政策文本的主题分类、内容诠释以及对特定政策议题注意力水平的测量，为后续进一步的实证研究奠定基础	1. 编码的灵活性强，容易准确地建立主题与文本内容间的映射关系 2. 易于得到可解释的分类结果	1. 面对大量文本时需耗费大量时间和人力 2. 对编码者的素质要求很高，容易出现编码偏误，需要进行一致性检测
机器学习	常用于对大规模文本语料的自动编码和量化分析，建立起政策主题与文本内容间的映射关系	1. 避免人工编码的偏误，提高编码的准确性和客观性 2. 有效实现大规模文本预料的自动分析，省时省力	需要事先完成一定量的手工编码工作来构造训练集和测试集，这一过程时间和人力成本相对较高
主题模型	常用于对大规模文本语料的主题分类，从而快速实现政策议程结构和时间变迁特征的可视化	1. 不需要提前对文本进行编码或阅读，直接利用算法进行分类 2. 分类效果好、时间快、成本低，避免手工编码偏误	在选择主题模型输出的主题数目（k）时，需要通过试值或其他方法来确定 k 值，以确保模型输出类别的可解释性
计量回归模型	用于议程设置研究中的因果关系推断，如检验影响政策议程设置的各种外部因素以及影响政策过程间断均衡的原因等	基于大样本检验关键变量间的因果关系，有利于进一步揭示外部环境影响政策议程设置的具体机制	1. 基于大样本的回归分析往往忽视了个案的特殊性 2. 容易检验假设是否成立，却不容易生成有价值的理论

续表

研究方法	应用场景	方法优势	可能存在的局限
统计学检验	用于检验一段时间政府政策过程、预算过程的间断均衡水平	可以准确度量政策过程的间断水平，有利于开展国别比较研究数据的呈现仍有赖于合理的解释	
个案研究	通过刻画、呈现和讨论政策议程设置的过程、机制及后果，有利于发现和提炼议程设置相关的理论模型	生动展现政府议程设置的关键环节以及重要主体间的互动过程	1. 个案分析具有典型性，但其解释力和代表性往往会受到质疑 2. 对研究过程和研究者的要求比量化研究更高

6. 本章小结

本章对政策注意力研究的理论基础、研究动态和方法范式进行了较为系统的回溯，不难发现，尽管已有文献为政策注意力研究提供了重要的理论储备和方法借鉴，但从本土化理论建构的视角看，现今已有研究仍有进一步深化和拓展的空间，主要体现在以下三个方面：

首先，大部分的研究关注的是“个案”而非“常态”，特别是国内文献普遍存在这一问题，这些研究往往利用某个领域政策注意力配置的个案，通过田野调查或收集相关政策文本，并借助已有议程设置的概念框架去推导结论，所得出研究结论的普遍性和代表性稍显不足，仅仅是停留在个案的观察，重视了某一政策领域经验的总结却忽视了发现或验证注意力配置的一般规律。

其次，中国场景下的政策注意力研究缺乏与国外研究的比较。从本章的文献综述中不难看出，国内的政策注意力研究并不太重视对宏观制度环境的分析，基本上在借用西方成熟理论（如三源流理论和间断均衡理论等）来分析中国问题，这就引出了西方理论模型在解释中国现象时的适用性问题，由于我国的制度环境和组织环境均与欧美国家存在较大的差异，因此在研究当代中国的政策注意力配置时，必须考虑我国体制背景对政策注意力的影响，增加与国外理论、概念和案例的比较，从而在中西方理论对话基础上建构起符合中国政策实践的注意力配置理论框架。

最后，中国场域下政策注意力配置的研究对象和研究方法较为单一。目前，大多数研究倾向利用政府工作报告、领导批示并基于文献计量、案例研究等方法来分析中国的政策注意力配置，但这些研究对象和方法均存在一定的局限性，政府工作报告往往拥有相对固定的行文格式和内容安排，且一年只发布一次，因此无法“细粒度”呈现各级政府注意力配置的议题结构和日常动态，而且领导批示的可获得性还比较差。此外，文献计量、个案分析等研究方法还无法实现因果推断和机制分析。因此，有必要开发新的文本数据集并引入文本挖掘等方法以更加全面地呈现中共中央和地方政府的政策议程结构及其日常变迁，并通过回归建模尝试对该领域的关键理论假设进行因果推断和机制分析。

第3章

中央层面的议题关注：基于党中央、国务院重要会议的分析（2005—2019）

解构政府组织的议题组成是实证分析政策注意力配置的第一步，因为只有了解政策议程的基本结构，才能客观地测量政府对某项政策议题的注意力水平及其变动情况。为此，Baumgartner和Jones提出了议程设置动力学的研究范式，即通过获取能够反映政策注意力的文本数据并基于可重复、可验证的方法来识别政策议程的内容、结构、多样性、变迁特征及其影响因素等。这一方法已经在分析欧美国家政策注意力方面得到广泛应用，但尚未被系统地应用于当代中国的注意力配置研究中，因此，本章将重点解决如下几个问题：

一是如何选择和获取能够反映当代中国政策议程的数据？除了政府工作报告、领导批示外，是否还存在能够捕捉日常政策注意力变动、可获得性较好的大规模文本数据集？此外，应如何识别不同文本数据中的议题关注度并进行测量？

二是当代中国政策注意力呈现怎样的演变规律？即政策注意力的宏观结构、议题的多样性水平、单一政策议题的注意力变动及其间断均衡特征是怎样的？

三是从比较分析的角度看，当代中国宏观政策注意力的结构和变迁与西方国家存在怎样的差异？中国的制度背景又是如何影响了宏观政策注意力的日常动态？

为了回答上述问题，本章将在获取2003—2019年新华社关于中共中央和国务院日常会议新闻通稿数据的基础上，构建一个新的且能够反映当代中国政策注意力日常动态的文本语料库，并利用非负矩阵分解的主题建模方法，完成对我国政策议程的“纵向+多议题”分析，呈现出党中央和国务院政策注意力的结构。

1. 研究方法

正如第2章提到的，常见的文本数据量化研究方法包括：以统计学为基础的文本编码法、文献计量法以及社会网络分析等，但这些方法对于分析大规模政策文本来说还存在一些不足。例如，编码法费时费力；文献计量法只能进行政策文本的发文单位、发文时间、关键词词频及词共现等信息的分析，却无法完成对文本语义和结构的深度挖掘；而社会网络分析侧重从宏观角度探究政策主体间的关系网络，并显示各节点间的结构以及信息流动的方向，但这一方法对于政策文本的内容和细节关照不足。为此，作为数据挖掘领域的一个重要分支，文本挖掘（text mining）被引入大规模的文本语料量化研究。基于数理统计和计算机程序语言而形成的各种成熟算法，文本挖掘可以较快、较准确地实现对海量文本中关键信息的抽取、聚类、分类以及语义情感分析等（张楠、马宝君、孟庆国，2019）。近年来，文本挖掘已经在知识管理、垃圾信息过滤、社交媒体数据分析、商务智能以及决策支持等多个领域得到了广泛应用。其中，主题模型（topic model）是文本挖掘的重要工具之一，对于政策类文本来说，传统的TF-IDF（词频—逆文档频率）方法无法对词汇背后的语义关联进行深度挖掘，而一般的聚类算法又总是生成一些不可解释的结果，主题模型不同于上述传统的文本分析方法，它可以通过模拟文档的产生过程，并基于参数估计来揭示文本中的潜在主题。由于政策文本往往具有词项维度高、主题分布广的特征，主题模型的优势就在于可以实现对政策文本语义的降维，从而有利于深度挖掘文档的结构，并得出比较清晰和可解释的主题分类结果。总体来看，对于数据量大、语义复杂且内容多样的政策类文本来说，主题模型是一个不错的分析工具。以下是对两种常见主题模型的简要介绍。

（1）概率主题建模：潜在狄利克雷分配模型（LDA）

近年来，概率模型在机器学习和自然语言处理等领域得到了广泛应用。概率主题模型最早源于 20 世纪 90 年代提出的潜在语义索引分析（latent semantic indexing，LSI）（Deerwester 等，1990），这一模型虽然不是概率模型，但为主题模型的发展奠定了重要的基础，之后有学者将其进一步拓展为概率潜在语义模型（probabilistic latent semantic indexing，pLSI）（Hofmann，1999），不过该模型的参数估计依然需要从训练文本中得出，因此仍不算是完整的概率主题模型，直到 2003 年，Blei 等人提出了潜在狄利克雷分配模型（LDA）（Blei 等，2003），这一模型继承了 pLSI 模型的优势，同时也改进了在参数估计方面的缺陷，因而被视为真正意义上的概率主题模型，同时也成了目前最流行的主题挖掘模型，之后还出现了很多关于 LDA 模型的改进或扩展模型（Perina 等，2010；Moghaddam、Ester，2011；Wang 等，2012）。作为一种被广泛使用的主题模型，LDA 模型具有很多优点，例如，该模型算法的泛化能力较强，不容易出现过度拟合（Martino，2003）的情况。此外，作为一种无监督学习的模型，LDA 模型在使用时不需要研究者提前对文本数据进行标注或设置关键词，而直接通过输入数据和计算机算法自动完成文本主题的分类，因而也具有速度快、省时省力的特点。

LDA 模型基于如下基本假设，即每个文档都是不同主题的混合体，而每个主题又都是不同词汇的概率分布。基于这一基本假设，就可以得出 LDA 模型的生成过程和参数估计。假设我们拥有一个语料库，其中包含着用集合 $D=\{d_1, d_2, \cdots, d_{|D|}\}$ 所表示的文档集合，这些文档所对应的词汇用集合 $V=\{w_1, w_2, \cdots, w_{|V|}\}$ 来表示，语料库中的每篇文档都是一个由 dN 个词汇构成的序列，可以用矩阵 $d=\{w_{d1}, w_{d2}, \cdots, w_{|dN|}\}$ 来表示，其中 $|D|$ 是集合 D 中的文档数量，C 是词汇的数量，而 w_{dn} 是文档矩阵 d 中的第 n 个单词，且 $w_{dn} \in V$。与此同时，我们还假设文档集合 D 中所讨论的潜在主题用集合 $K=\{\varphi_1, \varphi_2, \cdots, \varphi_{|K|}\}$ 表示，其中 $|K|$ 是集合 K 中的主题数目。LDA 模型认为每个文档都是主题集合 K 的概率混合，而每个主题都是词汇集合 V 中单词的多项式分布。图 3-1 显示了 LDA 模型中文档、主题以及单词之间的关系。

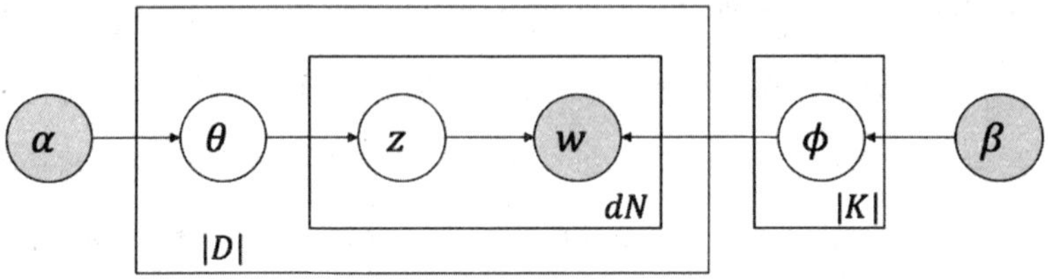

图 3-1　LDA 主题模型的图模型表示

在 LDA 模型中，集合（文档）的生成是通过从每个潜在主题的先验 Dirichlet 分布 $Dir(\beta)$ 中对单词分布 $\varphi_{1:|K|}$ 进行抽样来开始的，之后每个文档会按照如下方式生成：①选择一个文档的主题概率分布：$\theta_d \sim Dir(\beta)$；②对于文档矩阵 d 中的每一个单词 w_{dn} 重复如下过程：选择一个主题（$Z_{d,n} \sim \theta_d$）并生成一个单词（$w_{dn} \sim \varphi_{Z_{d,n}}$）。

LDA 模型具有独特的层次结构，包括文档集合层（document collection

layer）、文档层（document layer）和单词层（word layer）。LDA 模型可以通过文档集合层的两个参数 α 和 β 来确定，其中 α 是关于文档集合中主题分布的先验超参数，它意味着主题之间的生成概率，β 表示每个潜在主题的单词分布，可以通过一个 $|K| * |V|$ 的矩阵进行参数化，即 $\beta_{ij} = p(w_j = 1 \mid z_i = 1)$，该矩阵的第 k 行表示的是第 k 个主题 φ_1 的分布。在文档层，θ_d 是文档 d 中所有主题的分布，遵循了 Dirichlet 分布 $Dir(\alpha)$ 。在单词层，Z_{dn} 是生成单词 w_{dn} 的主题的分布。

由于主题 z 和 β 间耦合，LDA 模型中学习参数的精确推断是一个困难的问题，因此需要使用近似技术，其中最常用的近似推断方法是 Gibbs 抽样法和变分法（variational method）。在确定模型参数后，给定一篇文档 d，其对于潜在主题 θ 的后验概率就可以定义为：

$$p(\theta, Z \mid W, \alpha, \beta) = \frac{p(\theta, Z, W \mid \alpha, \beta)}{p(W \mid \alpha, \beta)} \quad （式 3-1）$$

其中，

$$p(\theta, Z, W \mid \alpha, \beta) = p(\theta \mid \alpha) \prod_{i=1}^{N_d} p(z_i \mid \theta)\, p(w_i \mid z_i, \beta) \quad （式 3-2）$$

$$p(W \mid \alpha, \beta) = \int p(\theta \mid \alpha) \left(\prod_{i=1}^{N_d} \sum_{z_i} p(z_i \mid \theta)\, p(w_i \mid z_i, \beta) \right) d\theta \quad （式 3-3）$$

（2）基于非负矩阵分解的主题模型（NMF）

虽然主题模型的相关研究通常会涉及 LDA 模型或其他概率主题模型，但非负矩阵分解（nonnegative matrix factorization，NMF）也可以用于揭示文本数据的主题结构（Wang 等，2011）。NMF 是基于加权词频值解释一个词对文本集合中文档的重要性，也就是说，在主题建模之前对文本数据应用基于对数的 TF-IDF 加权因子有利于生成多样但语义上保持一致的主题。因此，当被分析的文档组合既具有高维度词项特征，又包含许多由特殊词汇组成的

“小众”主题（niche topics）时，非负矩阵分解技术会变得十分有用（O'callaghan 等，2015）。对于政策类文本的主题挖掘来说，NMF 无疑是一个十分理想的算法，因为它可以将政府日常运行中的“一般性政策主题”和那些针对特定领域的“专业性政策主题”区分开来。

非负矩阵分解是一种线性代数方法，它将原始高维数据嵌入具有非负隐藏结构的低语义空间中，并将其视为几何透视变换后的空间中的坐标轴。特别地，给定语料库中 N 个文档的每一个 d_n 都是 K 个分量（轴 u_i）与系数 v_{kn} 的线性组合，即：

$$d_n = \sum_{k=1}^{K} u_k v_{kn} \tag{式 3-4}$$

其中，$k=1, 2, \cdots, K$ 和 $n=1, 2, \cdots, N$。这种分解的优度通过原始的词-文档向量 d_n 和线性组合 $\sum_{k=1}^{K} u_k v_{kn}$ 之间的平方损失来评估。因此，就有式 3-5 和式 3-6：

$$Min \sum_{n=1}^{N} \left\| d_n - \sum_{k=1}^{K} u_k v_{kn} \right\|_2^2 \tag{式 3-5}$$

$$s.t. \begin{cases} u_{kn} \geqslant 0, \\ u_{mk} \geqslant 0. \end{cases} \tag{式 3-6}$$

其中，$\|\cdot\|_2^2$ 表示向量 L2 范数的平方。如果进一步用 $D = [d_1, d_2, \cdots, d_n] \in R^{M*N}$，$U = [u_1, u_2, \cdots, u_K] \in R^{M*K}$ 以及 $V = [V_1, V_2, \cdots, V_N] \in R^{K*N}$ 表示，则上述最优化表达式可以进一步精简为式 3-7 和式 3-8：

$$\min \|D - UV\|_F^2 \tag{式 3-7}$$

$$s.t. \begin{cases} V \geqslant 0, \\ U \geqslant 0. \end{cases} \tag{式 3-8}$$

其中，$\|\cdot\|_F^2$ 表示矩阵的 Frobenius 范数的平方，其可视化如图 3-2 所示。

值得注意的是，矩阵 U 和 V 的元素非负性使学习方案具有可解释性，更重要的是，它揭示了一个人类学习过程的重要逻辑，即“部分构成整体”。因此，NMF 拥有为给定文本集合挖掘底层主题的能力。

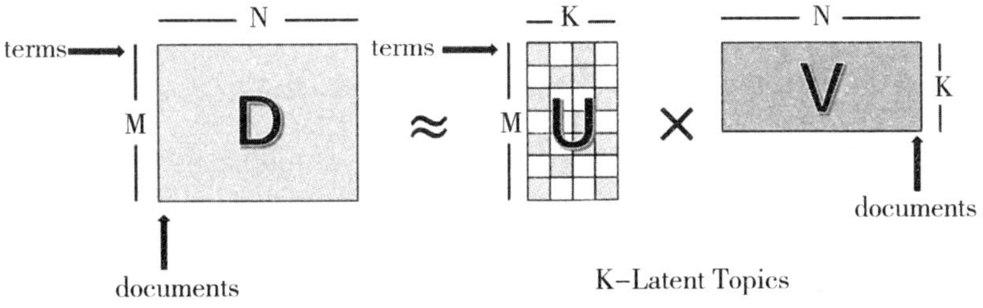

图 3-2　NMF 主题模型的图模型表示

至于具体的学习算法，将乘性权重更新如式 3-9 和式 3-10，并将这两个方程迭代至收敛，最终可以得到主题矩阵 U 和主题文档矩阵 V，它们可以用于主题挖掘和数据表示。

$$U \leftarrow U \frac{D V^T}{UV V^T} \qquad \text{（式 3-9）}$$

$$V \leftarrow V \frac{U^T D}{U^T UV} \qquad \text{（式 3-10）}$$

和 LDA 模型一样，NMF 模型同样能够很快完成文档主题的分类，得到文档与主题间的关系，并获得一个直观的概率解释。不过，与现有的 LDA 类方法相比，NMF 模型有其独特的优势，一方面是 NMF 在建模过程中涉及的参数选择较少，另一方面则是 NMF 算法能够识别传统 LDA 模型中难以准确识别的小众化主题。这一优势是 NMF 算法一个特别有用的属性，它对本章的研究也具有重要的意义，因为考虑到政府日常会议所讨论的内容广泛、主题多样，不仅会涉及一些一般性的政策问题，同时也会讨论特定领域的政策议题，因而文本中必然会出现不少专业化的词汇。考虑到 LDA 和 NMF 两种主题模型在文本挖掘中各具优势，本章将同时汇报两种模型的输出结果，并对其进行评估。

2. 数据收集

（1）数据收集

正如文献综述部分指出的，西方国家政策注意力研究选择的文本数据十分多样，包括决策者的讲话稿（如国情咨文、女王演讲以及首相施政演说等），立法机关活动记录（如公开质询、专业小组会议的纪要档案）或法案数据集、政府例会的文字记录、财政支出数据集以及媒体的新闻报道等。那么，什么数据可以用来探究当代中国的宏观政策注意力呢？近年来，不少文献都在使用政府工作报告，以此来捕捉某级政府政策注意力的动态，因为政府工作报告体现了政府当年的施政重点和工作计划，因此报告对不同政策议题着墨的多少可以用来衡量政府的注意力配置情况。但是，政府工作报告往往有相对固定的格式和内容安排，追求内容的宏大和全面，而且每年仅发布一次，因此很难用于追踪政策注意力的日常动态。

由于政府工作报告无法系统地呈现当代中国政策注意力配置的日常动态，本书建立了一个新的数据集，该数据集包含了 2003—2019 年新华社发布的有关中共中央和国务院日常会议的新闻通稿。在本研究中，所谓“日常会议”指的是以“月”或“周”为单位召开的会议，这些会议讨论和决定了党和国家的重要事务和政策方向，因此，这些召开频率较高的会议可以用于捕捉当代中国宏观政策议程的日常动态。通过进一步分析，本研究发现，在 2003—2019 年只有以下四类会议符合“日常会议”的标准：①中共中央政治局会议；②中央政治局集体学习；③中央领导小组会议；④国务院常务会议。相较于党代会、全国两会等一年或几年才召开一次的会议，上述四类会议的召开频次更高。例如，中共中央政治局会议和中央政治局集体学习，原则上每个月各召开一次，国务院常务会议原则上每周召开一次，而中央财经委员会会议一般每三个月或半年召开一次。新华社关于这些日常会议的新闻通稿不仅会介绍会议的主要内容和讨论的政策议题，也会记录会议主持人发表的重要讲话，因此通过量化分析，这些文本数据可以“细粒度”地呈现当代中国宏观政策注意力的结构和变迁。此外，考虑到党和政府这两个宏观政策议定场所的联系和区别，本书决定分别建立两个文本数据集，其中一个文本数据集主要包括中共中央日常会议的新闻通稿（包括中共中央政治局会议、中央政治局集体学习和中央领导小组会议），另一个文本数据集包括政府日常会议的新闻通稿（国务院常务会议），这样也便于开展政策议定场所间注意力配置的比较研究。

表3-1　中共中央和国务院日常会议文本数据的基本信息

会议名称	会议简介	会议频次	文本数量篇
中共中央政治局会议	中央政治局在中央委员会全体会议闭会期间行使中央委员会的职权，中央政治局原则上每月召开一次会议，由总书记召集，讨论和决定党和国家的重大事务	原则上每个月至少召开一次	202
中央政治局集体学习	从2003年开始，中央政治局开始定期举行集体学习，集体学习的内容包括了政治、经济、社会、科技、文化、历史、法律、国际惯例、党的理论等不同的主题，每次集体学习都会邀请学术界长期研究某一领域的专家学者，以及在政府部门长期工作的资深领导干部就某一学习主题进行讲解，与会成员会就该议题进行交流、讨论	原则上每个月召开一次	137

续表

会议名称	会议简介	会议频次	文本数量篇
中央领导小组会议	有关中央领导小组（或委员会）是党中央重要的决策议事协调机构，2003 年以来，有两个领导小组的开会频率较高，分别是中央财经工作领导小组和中央全面深化改革委员会（后更名为中央全面深化改革委员会），这两个中央层面领导小组已经成为党和国家重要政策的议定场所	一般每两个月或每三个月召开一次	65
国务院常务会议	国务院常务会议由总理、副总理、国务委员、秘书长组成。总理召集和主持国务院全体会议和国务院常务会议。国务院工作中的重大问题，必须经国务院常务会议或者国务院全体会议讨论决定。国务院常务会议的主要任务是：讨论决定国务院工作中的重要事项；讨论法律草案、审议行政法规草案；通报和讨论其他重要事项	原则上每周召开一次	689

日常会议新闻通稿的文本数据通过检索《中国重要报纸全文数据库》获取①，该数据库收录了 2000 年以来国内公开发行的 646 种重要报纸的文献，超过 1800 多万篇。本书通过检索《新华每日电讯》《人民日报》等报纸获得了 2003—2019 年所有四类日常会议的新闻通稿，共 1093 篇，数据集的具体信息详见表 3-1。

（2）文本预处理

主题建模的步骤一般包括四个部分（如图 3-3），即数据获取、数据预处理（构建语料库）、主题建模（数据分析）、模型输出与评估。

① 《中国重要报纸全文数据库》的官方网站为：https：//kns. cnki. net/kns/brief/result. aspx？dbprefix=CCND

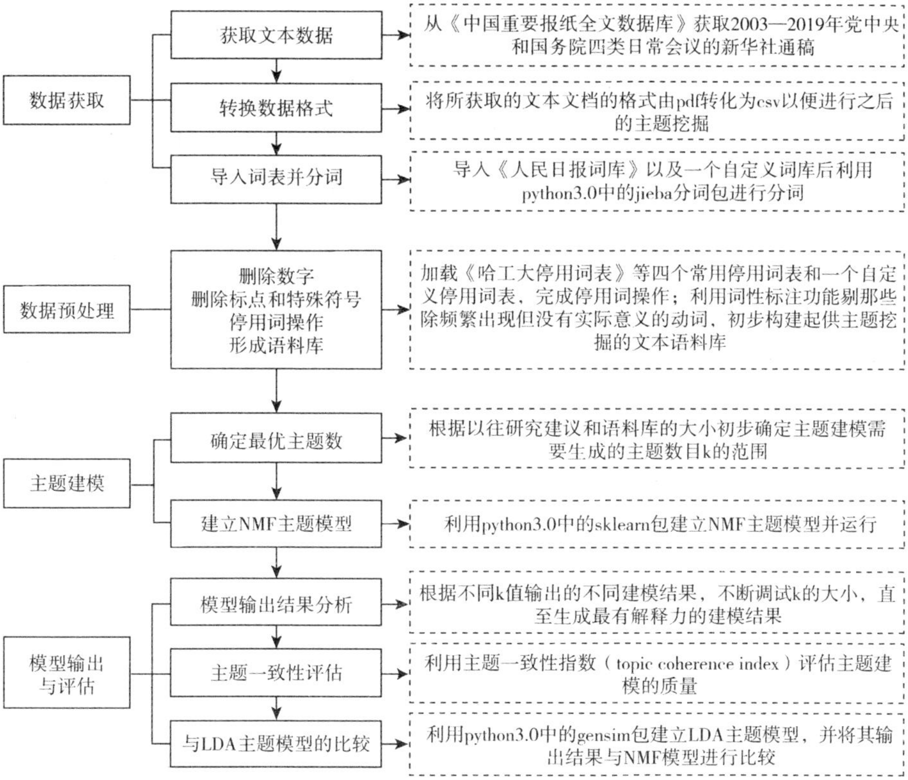

图 3-3　主题建模的一般步骤

获取文本数据后，需要对文本进行分词和预处理，以便建立起文本语料库从而进行主题建模。由于从《中国重要报纸全文数据库》中获得的会议新闻通稿格式为 pdf，因此在进行分词操作之前，需要将 pdf 文件的文本内容批量提取并转化为 csv 格式便于后续的数据分析。为此，本研究首先利用 python 软件将所有 pdf 文件内容提取并转化为 csv 格式。

分词是构建文本语料库的第一步，本书决定使用 python3. 0 中的“jieba 中文分词包”执行分词操作，jieba 分词是当前比较流行且使用最多的中文分词工具之一（张楠、马宝君、孟庆国，2019），它结合了机械分词和基于统计的分词方法，因而分词速度较快。此外，jieba 分词允许研究者根据研究目的和专业领域添加自定义词库，因此能够保证词汇切分的精度。jieba 分词有三种分词模式：全模式、精确模式和搜索引擎模式，其中精确模式会最大限度地解决歧义问题以实现对文本的精确切分，适合进行文本分析。因此，本书决定采用精确模式，同时为了进一步提升分词精度，本书在执行分词操作时还添加了几个自定义词库，第一个词库是由北京大学计算语言学研究所制作的《人民日报标注语料库》，该语料库是政策类文本挖掘的常用词库；第二个自定义词库是笔者根据研究需要制作的“新词词库”，考虑到随着时间的变化，国家宏观政策文件中每年都会出现一些新的词汇，为了避免这些新词汇被错误地切分，本研究对 2003—2019 年历次党代会报告、政府工作报告原文进行了分析，提取出 359 个“新词汇”构成了自定义词库，其中还包括了不少像“三严三实”“八项规定”“一带一路”“供给侧结构性改革”这样的专业词汇。除了以上两个词库外，本书还获取了若干专业词库，包括政府机关名称、地名、政治及法律常用词汇等。

停用词是指在文本挖掘过程中需要过滤掉的词汇，这些词汇通常是一些功能词，本身并没有实际含义，如“了、以、之、为”以及一些数词、量词、介词、连词等，因此需要从语料库中剔除，以提高主题建模的质量。为此，本文在文本预处理阶段加载了四个常用的停用词表，即《中文停用词表》《哈工大停用词表》《百度停用词表》和《四川大学机器智能实验室停用词库》。此外，按照魏伟等（2018）的观点，政策类文本的数据挖掘要更加关注文本中的名词，因为名词更能体现原文本中的重要语义信息。因此，本研究将重点关注名词以及与名词相近的词性，包括名词性的动词（如立法、消费）、名词性的形容词（如稳定、团结）以及其他惯用语（如脱贫攻坚）等。需要注意的是，在本研究的文档中，还有一些出现频率较高但却无实际意义的词汇，包括：①新闻通稿类文本常用动词，如“指出、强调、认为、听取、分析”等；②一些常见人名（会议主持人以及会议参加人员的名字）。为此，本书通过词性筛选保留了需要着重分析的名词（包括与名词相近的词性），同时另外构建了一个停用词表，以剔除词性筛选后仍然存在的出现频率较高却无实际意义的词汇。

3. 建模与调试

（1）主题数k值的确定与调适

主题建模中的一个关键参数选择涉及主题数量（k值）的确定，选择太少的主题会产生过于宽泛的结果，而选择太多的主题则会导致许多细分且高度相似的主题输出。在确定主题数目方面，一些研究主张通过计算主题模型的“主题困惑度（topic perplexity）”来帮助寻找最佳的主题数目（Gruber等，2007；Huang等，2017）。通俗地讲，困惑度指的是给定一篇文档d，所得到的主题模型对文档d属于哪个主题的不确定性程度，困惑度越低说明主题模型的估计质量越好。主题困惑度的计算公式如式3-11所示：

$$preplexity(D) = \exp\left(-\frac{\sum \log p(w)}{\sum_{d=1}^{M} N_d}\right) \quad （式3-11）$$

其中，分母表示文档集合的总长度（即所有单词之和），其中$p(w)$是指文档集合中每个单词出现的概率，即$p(w) = p(z \mid d) * p(w \mid z)$，其中$p(z \mid d)$表示的是一个文档中每个主题出现的概率，$p(w \mid z)$表示的是词典中的每一个单词在某个主题下出现的概率。

不过，基于主题困惑度来确定最优主题数往往使模型输出结果难以合理解释，而这与主题建模的目的背道而驰，如果利用困惑度选择k值，但基于这一k值输出的建模结果却无法被解释（如主题划分过细或主题含义重叠等），那么，这样的参数选择是无效的。因此，本研究决定采取如下策略完成参数选择和建模过程：首先，参考现今已有的文献确定主题数目 k 的取值范围，之后在主题建模中对 k 的各个取值进行尝试，并比较模型输出结果，最后确定一个最优 k 值，而这一 k 值能够保证模型输出的主题被合理的解释，即不会出现明显的主题重叠或过度划分，而且每个主题下的核心关键词都能被明确归纳至某个特定主题。之后，利用主题一致性（topic coherence）评估来检验模型质量，相较于主题困惑度，一致性评估不仅可以用于 LDA 模型，而且也可以用于其他主题模型，近年来被广泛用于评估主题建模的估计质量（Stevens 等，2012）。因此，本研究将利用该方法来辅助判断主题数目的取值是否合理。

鉴于 LDA 和 NMF 两种模型在主题挖掘中各有优势，本研究将同时报告两种算法的模型输出，在对其进行比较后选择更具解释性的结果以便开展后文的讨论分析。

首先，本研究利用 python3.0 中的 Sklearn 库构建基于 NMF 的主题模型。Sklearn 是机器学习常用的第三方库，它对常见的机器学习方法进行了封装，包括回归、降维、分类、聚类等步骤。在 Sklearn 库中，可以调用并加载 NMF 算法。在 NMF 主题模型中，利用 TF-IDF 特征向量来训练模型，本研究参考了 Sklearn 的官方指南设置了模型的基本参数。对于主题数目 k，本研究参考了 Reborts 等人（2014）的建议，即对于中小型文本语料库来说，将 k 的初始值设定为 5~20 之间的任何一个数，并以此为基准不断增减数值。因此，根据本研究中的两个文本语料库（中共中央日常会议文本语料库和国务院常务会议文本语料库），本文将 k 的初始值设定为 10，通过不断增加 k 值并比较模型的输出结果从而来确定最优主题数。经过多次反复调试，本研究发现，对于中共中央日常会议语料库来说，当 k = 21 时，模型输出是最具解释性的，因为当 k>21 时，有些主题会被过度划分，例如“民族工作”这一主题会被切分成“西藏工作”和“新疆工作”；而当 k<21 时，许多重要的政策主题又会被“忽视”，包括“环境”和“金融”。与此同时，当 k = 30 时，国务院常务会议文本语料库的建模结果是最具解释性的。附录1中的附表1-1和附表1-2分别显示了两个语料库的NMF主题模型输出。

其次，本研究利用python3.0中的Gensim库进行了LDA主题建模，基于Gensim的LDA主题建模需要重点关注“字典（dictionary）”和“语料（corpus）”，前者存放了文档集中的词汇表和索引，后者则实现了文档集的向量化。本研究根据Gensim库的官方指南设置了相关参数，并不断调试主题数目值k，附录1中的附表1-3和附表1-4分别显示了两个语料库的LDA主题模型的部分输出（前10个主题）。

最后，将NMF模型的结果输出与LDA模型进行初步比较，可以发现前者的主题划分明显优于后者，主要表现在：①NMF模型的主题分类更加明确，基本不存在过度划分和主题重叠的现象，而在LDA模型中，很多主题的含义并不清晰，相互间的区分度也比较差。例如，在国务院常务会议语料库的LDA主题建模输出中，主题1和主题2的关键词很相似，而在中共中央日常会议LDA主题建模输出中，主题1和主题5下的关键词均无法归属于同一类别；②NMF模型识别出了一些LDA算法无法识别的“小众”主题，例如，“港澳事务”“粮食”等政策主题；③NMF模型的输出结果也比较符合我国中央政府的组织结构和职能划分，例如，NMF模型没有将“粮食”和“农业”这两个主题合二为一，这其实是符合现实的，因为粮食问题的主管部门为国家粮食和物资储备局①，而农业问题的主管部门为农业农村部，二者虽有交叉，但粮食问题作为关系国家安全的重大战略问题，在政策议程结构中

① 国家粮食和物资储备局的前身为国家粮食和物资储备局，属于国家发改委代为管理的国家局，为副部级建制。

占有独特地位，因此将其单独列出是合理的。

（2）主题一致性评估

尽管通过设定 k 值的范围并不断进行调试有助于确定最优主题数，但仍然有必要通过量化方法评估主题模型的输出质量。对于主题模型的评估，现今已有文献提出一种比计算主题困惑度更为一般性的策略，即比较不同 k 值生成的主题模型的主题一致性（Newman 等，2010）。文献中存在很多度量主题一致性的方法，不过其中许多都是专门针对 LDA 模型的。O'Callagha et al.（奥卡拉哈）等人（2015）提出了一种通用的办法，即通过词向量 Word2Vec（TC-W2V）来进行主题一致性的测试，该方法评估了用于描述某一主题的一组热门词汇间的相关性。TC-W2V 方法使用了当下十分流行的 Word2Vec 工具为大型语料库中的所有词汇计算一组向量表示（Mikolov 等，2013），之后便可以通过测量成对的词向量之间的相似性，然后评估两个相应术语在某种程度上具有相同的含义或上下文语境（是否与同一主题相关），那些带有由高度相似的词汇组成的描述符（由其向量间的相似性来定义）的主题在语义上应该更加具有一致性。

为了评估主题模型的一致性，TC-W2V 方法的操作原理是：单个主题 t_h 的 t 个排名最高的词汇所表示的一致性（coh）由 Word2Vec 空间中 t 个对应词汇词向量之间的平均成对余弦相似度给出，如式 3-12 所示：

$$coh(t_h) = \frac{1}{\binom{t}{2}} \sum_{j=2}^{t} \sum_{i=1}^{j-1} \cos(w\,v_i,\ w\,v_j) \qquad \text{（式 3-12）}$$

而包含 k 个主题的主题模型 T 的一致性总得分则由各个主题一致性得分的平均值表示，如式 3-13 所示：

$$coh(T) = \frac{1}{k}\sum_{h=1}^{k} coh(t_h) \qquad (式 3-13)$$

主题数 k 的适当值可以通过检查平均 TC-W2V 的一致性得分（coherence score）来获得。通常情况下，一个合适的 k 值往往标志着一致性得分快速且连续增长的结束，这时的 k 值通常会输出有意义和可解释的文本主题，当然，随着 k 值的增加，更高的一致性得分往往会输出更加细粒度的子主题。在本研究中，对中共中央和国务院日常会议文本语料进行 NMF 主题建模后得出的主题一致性得分和趋势图如表 3-2 和图 3-4 所示，其中，中共中央文本语料库的一致性得分在 k 等于 20 时其连续增长趋势首次停止，而国务院文本语料库的一致性得分则在 k 等于 32 时出现了首次下降的情况。因此，将两个文本语料库的主题数分别限定在 20 和 32 左右时可能会比较合适，结合输出主题的实际意义和可解释性，本研究将中共中央和国务院日常会议文本主题建模的最佳 k 值分别确定为 21 和 30 是合理的，它避免了因 k 值过大而导致的相同关键词在多个主题中重复出现的现象。

表 3-2 NMF 主题模型的主题一致性评估结果

主题数（k 值）	主题一致性得分（Coherence Score）	
	中共中央文本语料库	国务院文本语料库
k=2	0.3778	0.3304
k=8	0.5107	0.4371
k=14	0.5302	0.4948
k=20	0.5521	0.5134
k=26	0.5115	0.5499
k=32	0.5354	0.5424
k=38	0.5369	0.5602

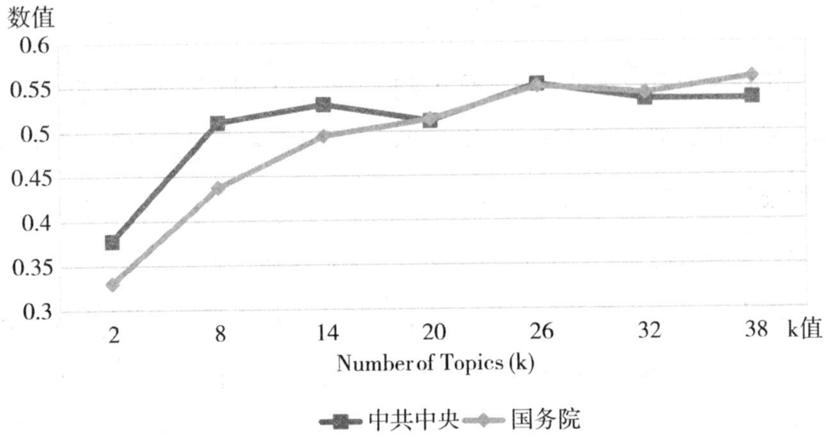

图 3-4 中共中央和国务院日常会议文本主题建模的一致性得分

4. 中央层面政策注意力的议题结构与历时性特征

（1）政策注意力的宏观结构

通过 NMF 主题模型，本书得到了中共中央和国务院日常会议政策注意力的议题组成及其分布，其中党中央日常会议的政策注意力共有 21 个主题，根据关键词簇提供的信息将这 21 个主题分别赋予了主题标签，分别是：宏观经济、纪律检查、组织工作、体制改革、生态环境、法制、“三农”与扶贫、科技创新、行政体制改革、理论建设、国家机关事务、文化宣传、国际事务、区域和人口、社会管理、教育、军事国防、金融、灾害应对、能源、民族工作。国务院常务会议的政策注意力共有 30 个主题，同样地，也将每个主题赋予标签，分别是：产业政策、政府职能、“三农”、金融、财税审计、投资与基建、生态环境、对外贸易、安全生产、劳动与就业、弱势群体保障、医药卫生、宏观经济、社会保障、能源、灾害应对、区域发展、教育、体制改革、住房、文化、市场监管、粮食、国企国资、食品安全、疫情防控、政府工作报告、土地、农民工、港澳事务。对比党中央和国务院的议程结构不难发现：中共中央的日常会议不仅关注传统的党务议题，而且也关注那些与国家安全和经济社会发展密切相关的宏观政策议题，相比于党的议程结构，国务院的议程设置则聚焦于特定的公共政策问题，其议题结构与现代政府的基本职能相对应。

为了进一步考察不同政策议题在注意力空间中的比重，本研究为文档集合中的每一篇文档都赋予了主题标签，并得出了在2003—2019年，党中央和国务院日常会议讨论相关政策议题的频数及其排序（如图3-5）。在中共中央的政策注意力空间中，“宏观经济”议题占据主导地位，达到了111次，“纪律检查”“组织工作”“体制改革”“生态环境”等议题的关注次数也超过了60次；而这17年间国务院常务会议最关注的三类政策议题分别是“产业发展”“政府职能”以及“三农”问题，对这三项议题的讨论频次均超过了100次。此外，“金融”（88次）、“财税审计”（83次）、“基建与投资”（79次）、“生态环境”（79次）等议题也受到了较多的关注。上述的议题结构充分表明：经济发展仍然是党和政府最关心的问题，但与此同时，“产业结构调整与升级、政府职能优化、环境保护、社会公平、反腐败”等议题也在党和政府议程结构中占据了相当一部分比重，这些一方面说明进入21世纪后，我国逐渐进入经济社会发展的转型期，之前长期“压缩式发展（depressed development）”所带来的一系列问题亟须得到回应，但同时也表明，我国虽然面临大量与经济社会发展转型相关的治理挑战，但党和政府正在积极回应这些问题，它们在宏观政策议程结构中占据的比重就充分说明了这一点，这与一般发展中国家的政策注意力模式明显不同。Širinić（2019）在研究了克罗地亚政府1990—2015年的议程结构后发现，向现代经济体转型过程中政府为了应对经济发展、市场化改革以及社会福利等问题，很可能没有足够时间来解决诸如环境保护、教育改革、医疗卫生等当代社会的治理挑战，而我国在推动经济发展的同时，党和政府对环境保护、社会公平等议题也投入了较多的注意力，这是当代中国宏观政策注意力配置不同于其他新兴经济体的一个重要特征。

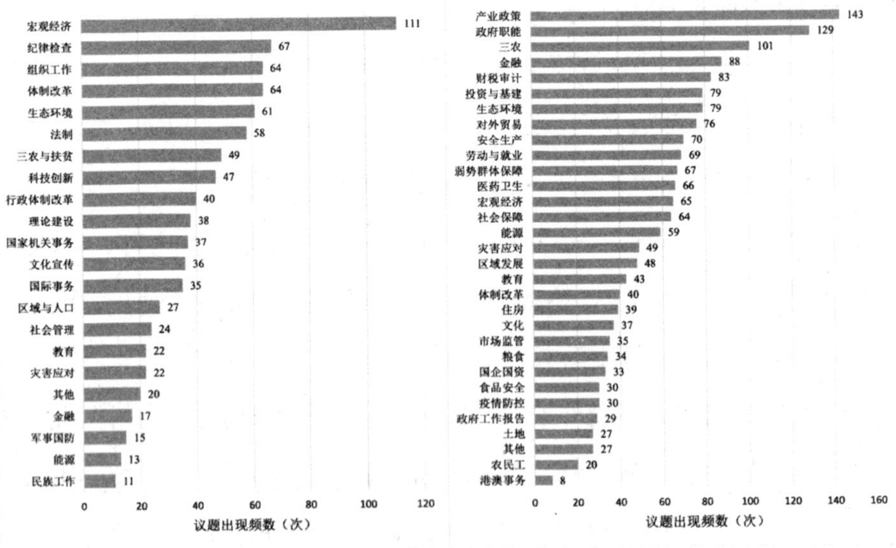

图 3-5 2003—2019 年中共中央和国务院日常会议政策议题出现的频数

（2）不同议题政策关注的历时性分析

随着时间推移，为了进一步观察中共中央和国务院对某项政策议题注意力的变化情况，遵循“纵向+多议题”研究的惯例，本研究在语料库中引入了“时间轴”，分别统计了各个主题的关键词词频随时间变化的情况，并进行了可视化。其中，图 3-6 和图 3-7 分别显示了中共中央和国务院日常会议政策主题的关键词随时间变化的情况。

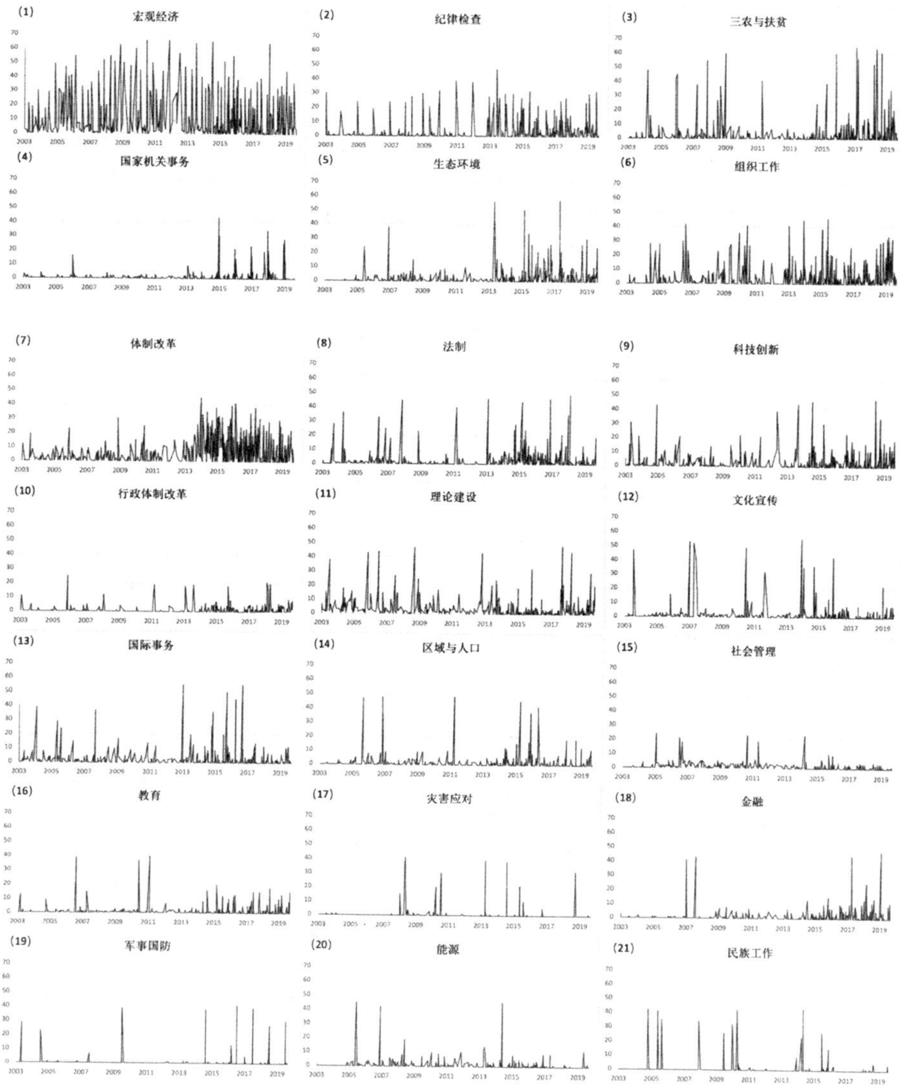

图 3-6 2003—2019 年中共中央日常会议政策议题关键词的词频变化

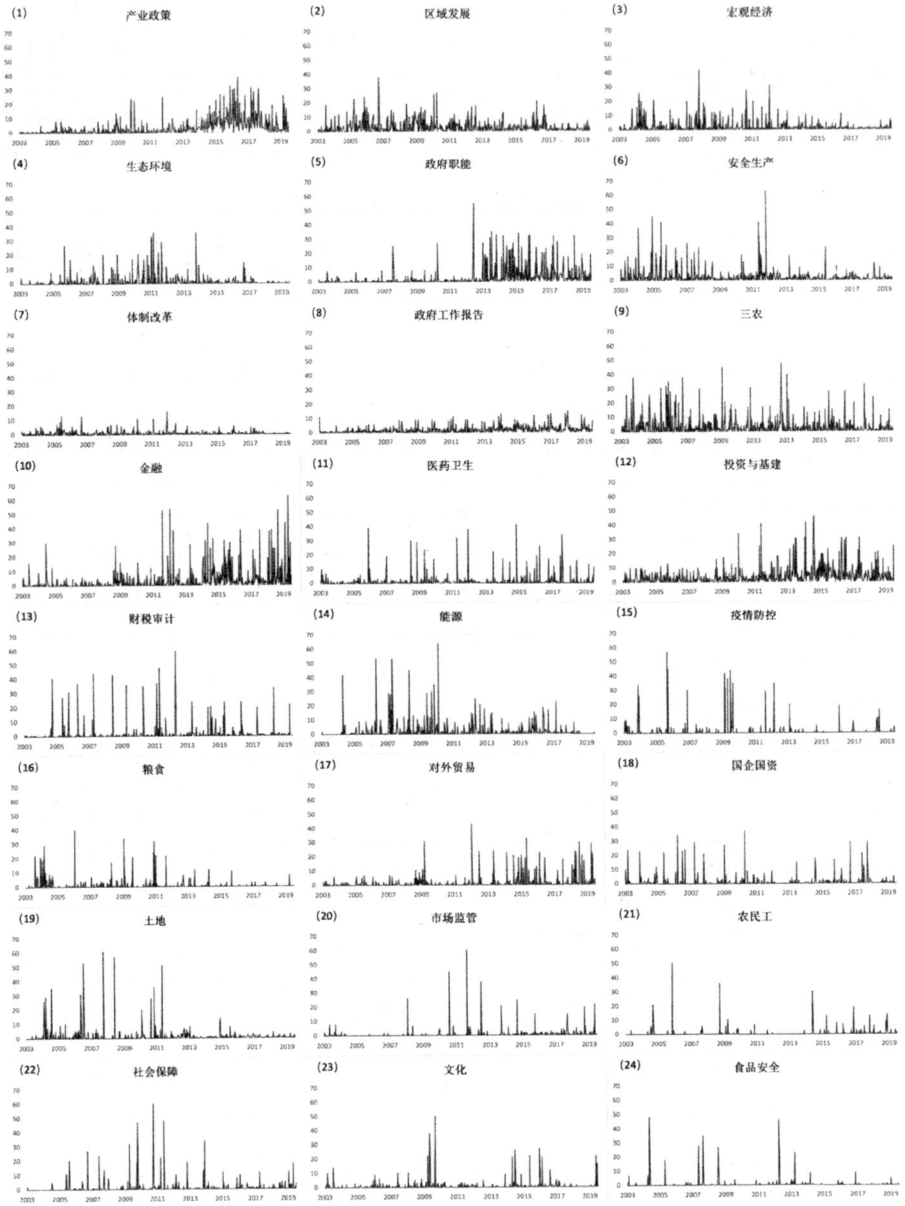
(1) 产业政策
(2) 区域发展
(3) 宏观经济
(4) 生态环境
(5) 政府职能
(6) 安全生产
(7) 体制改革
(8) 政府工作报告
(9) 三农
(10) 金融
(11) 医药卫生
(12) 投资与基建
(13) 财税审计
(14) 能源
(15) 疫情防控
(16) 粮食
(17) 对外贸易
(18) 国企国资
(19) 土地
(20) 市场监管
(21) 农民工
(22) 社会保障
(23) 文化
(24) 食品安全

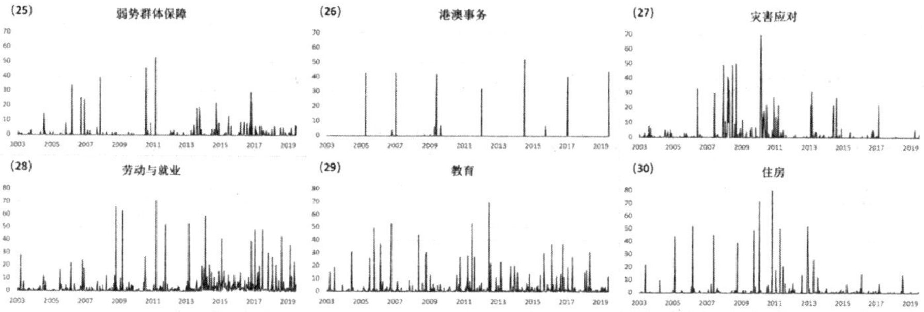

图 3-7　2003—2019 年国务院常务会议政策议题关键词的词频变化

总体来看，可以将中共中央和国务院对单一政策议题的注意力变动情况划分为以下三类：第一类议题的关键词词频随时间变化的波动并不明显，并在样本期内一直受到持续较高的关注，这类议题包括宏观经济、党务（包括纪律检查、组织工作和理论建设）、“三农”、政府工作报告等，不难发现这些议题要么是关系党和国家长治久安的重大问题，要么属于政府的常规性工作，需要每年都予以关注。第二类议题的关键词词频会随着时间而呈现明显的上升或下降趋势，其中，一些议题的变化趋势与党和政府的换届密不可分，例如，中共中央对体制改革的关注度从 2013 年年底开始出现上升趋势，这是因为党的十八届三中全会审议通过了《中共中央关于全面深化改革若干重大问题的决定》，对全面深化改革的指导思想、目标任务和重大原则等作出部署，此后，如何推动各领域体制机制改革成为党中央日常会议的重要议程；又如，国务院常务会议在 2013 年后对“政府职能”的关注度出现明显上升，这是因为新一届政府持续推动了“放管服”改革，旨在实现简政放权、提升行政效能、优化营商环境。第三类议题关键词的变化则明显受到了外部焦点事件的影响，这些议题包括灾害应对、疫情防控、食品安全等。例如，2008 年接连发生了南方雨雪冰冻灾害、5·12 汶川大地震和“三鹿”奶粉事件，国务院常务会议对灾害应对和食品安全的关注迅速上升，在焦点事件过后这些主题的关键词词频又会迅速回落；第四类议题不会经常出现在党和政府日常会议的议程中，但也不会长期消失，党中央和国务院会不定期召开会议研究这些问题，包括军事国防、民族工作、文化、市场监管、农民工和港澳事务等。

5. 中央层面政策注意力的间断均衡特征

（1）政策注意力变迁间断均衡性的测度

政策注意力“纵向+多议题”分析的核心任务在于检验政策注意力的时间分布是否为尖峰分布。尖峰分布被认为是政策过程符合间断均衡规律的一个典型特征，它可以用峰度（K 值）、峰度的标准化值（L-kurtosis，L-K 值）以及偏度（S 值）来衡量。峰度的计算公式如式 3-14 和式 3-15 所示：

$$K = \frac{\frac{1}{n}\sum_{i=1}^{n}(x_i - \bar{x})^4}{\left(\frac{1}{n}\sum_{i=1}^{n}(x_i - \bar{x})^2\right)^2} \quad \text{（式 3-14）}$$

$$S = \frac{\frac{1}{n}\sum_{i=1}^{n}(x_i - \bar{x})^3}{\left(\frac{1}{n}\sum_{i=1}^{n}(x_i - \bar{x})^2\right)^{\frac{3}{2}}} \quad \text{（式 3-15）}$$

其中，i 表示第 i 个数值，$\bar{x}$ 表示平均值，n 是样本数量。当 $K=3$ 时，样本服从正态分布，当 $K>3$ 时，样本就呈现尖峰分布。当 $S=0$ 时，样本为正态分布，当 $S>0$ 时，样本呈右偏分布，反之则为左偏分布。当样本数据的 $K>3$ 且 $S>0$ 时，数据就呈现所谓的“尖峰分布”。

Jones 和 Baumgartner（2005）指出，尖峰分布的典型特征是“细峰（slender peak）”“瘦肩（weaker shoulder）”和“厚尾（fat-tailed）”，而这表明政策变迁的同时还呈现出长时间的均衡和偶发性的急速变化，也就是说，“细峰”表明大部分政策变化是非常小的（接近于 0）或根本不存在（等于 0），“瘦肩”表示基本不存在中等程度的变化，而“厚尾”表明该分布比正态分布存在更多的极端值。很多学者已经使用财政支出、国情咨文以及首脑演讲等数据集检验了欧美等西方国家议程变迁的尖峰分布特征。遵循现今已有研究的思路，本研究需要通过测量不同政策主题注意力比率的年度变化情况（annual percentage change），从而判断其分布是否属于尖峰分布，也就是说，在衡量政策变迁时，不是根据每个政策主题受到的关注度的绝对值（党和政府日常会议对某议题的讨论次数）来测量其变化率，而是根据对每个政策主题讨论次数占当年所有政策主题总讨论次数的比率，然后分别比较不同比率之间差异相对于前一年比率的变化，计算公式如式 3-16 所示：

$$d_{it} = \frac{(p_{it} - p_{it-1})}{p_{it-1}} * 100 \qquad \text{（式 3-16）}$$

其中，d_{it} 就是不同政策主题注意力比率的年度变化值（annual percentage change score），p_{it} 表示当年某政策主题讨论次数占当年所有政策主题总讨论次数的比率，p_{it-1} 表示上一年某政策主题讨论次数占当年所有政策主题总讨论次数的比率。以国务院常务会议对“生态环境”议题的注意力为例，2003 年环境议题讨论次数占当年所有政策主题讨论次数的比率为 1.08%（1/93），2004 年环境议题讨论次数占当年所有政策主题讨论次数的比率为 1.85%（2/108），那么，环境主题注意力比率的年度变化值就是 72.22。那么，按照上述方法测算党中央和国务院日常会议中不同政策主题注意力比率的年度变化值，分别可以得到 247 个（党中央）和 428 个（国务院）有效观测值。之后，再分别测算这些观测值的峰度和偏度，判断其是否呈现尖峰分布的特征，相关统计量见表 3-3。结果表明，不论是中共中央日常会议还是国务院常务会议，其政策注意力的变化情况均呈现出典型的尖峰分布特征，而非正态分布，这说明当代中国政策议程变迁符合间断均衡的一般逻辑。为了保证这一检验结果的稳健性，本研究还引入了夏皮罗—威尔克检验（W 检验），这一用于检验数据分布正态性的统计方法已被证明能够有效判断政策过程是否呈现间断均衡的特征（John、Jennings，2010）。W 检验的统计量是 W，其计算公式如式 3-17 所示：

$$W = \frac{\left(\sum_{i=1}^{n} a_i x_{(i)}\right)^2}{\sum_{i=1}^{n} (x_i - \bar{x})^2} \quad \text{（式 3-17）}$$

其中，$x_{(i)}$ 是指第 i 阶统计量（样本中的第 i 个最小数），$\bar{x}$ 为样本均值，a_i 是常量，其确切值通过式 3-18 计算后得到计算公式如下：

$$a = \frac{m^T V^{-1}}{(m^T V^{-1} V^{-1} m)^{\frac{1}{2}}} \quad \text{（式 3-18）}$$

其中，V 是有序统计量的协方差矩阵，m 是这些变量的期望组成的向量。

检验的结果表明，党中央和国务院日常会议政策议题变化的 W 值分别为 0.855 和 0.813，且它们的 p 值均小于 0.01，所以应当拒绝原假设，即这两个数据不符合正态分布。因此，通过对党中央、国务院日常会议数据集的多重检验，本研究认为当代中国宏观政策注意力的变迁符合间断均衡的特征。

表 3-3　2003—2019 年中共中央和国务院议程变迁间断均衡特征的评估

检验方法	统计量	
	中共中央数据集	国务院数据集
平均值（Mean）	-0. 15	16. 53
中位数（Median）	-18. 04	-5. 22
标准差（Standard Deviation）	94. 66	107. 03
四分位数（Inter-quartile Range）	-65	-50
偏度（Skewness）	1. 80	2. 11
峰度（Kurtosis）	5. 79	6. 07

续表

检验方法	统计量	
	中共中央数据集	国务院数据集
峰度的标准化（L-kurtosis）	0.201	0.241
最小值（Min）	-100	-100
最大值（Max）	566.67	588.89
夏皮罗—威尔克检验（Shapiro - Wilk test）	0.855***	0.813***
有效样本数（N）	247	429

注：＊＊＊表示1%的显著性水平。

（2）中国与西方国家政策注意力变迁间断水平的比较分析

本研究进一步地对比了我国和西方国家在宏观政策议程间断程度上的差异，由于国外学者普遍计算的是政府政策议程的间断均衡水平，为方便对比，本研究也选取国务院常务会议议题注意力变化的相关统计量进行比较分析。从统计数值上看，国务院常务会议议程变化的峰度值（K值）为6.07，其标准化后的L-K值为0.241，均接近或低于欧美国家的相关数值，例如，丹麦首相1971—2001年演讲数据集的L-K值为0.27，美国参众两院1828—2000年听证会数据集的L-K值分别为0.33和0.27（Baumgartner等，2009），欧洲理事会1975—2010年议程变迁数据集的L-K值为0.332（Alexandrova等，2012）。此外，本研究基于国务院常务会议文本数据集测算的L-K值显著低于现今已有研究对中国政策过程间断程度的估计，例如，Chan和Zhao（2016）计算了我国各省级地方政府财政支出变化的L-K值的平均值，达0.87。这表明，本研究并没有支持以往文献中关于“中国政策注意力变迁的间断程度远远高于西方国家”的判断。实际上，李文钊、庞伟、吴珊（2019）对2007—2019年全国预算变迁间断均衡性的研究也得出了类似的结论。这一结果的出现固然与本文选取的研究对象和样本时间范围有关，但更重要的是它表明：同欧美国家一样，我国也存在"制度摩擦"的情况，只不过制度摩擦的形式有所不同。例如，我国不同部委间的议程设定能力存在差异，像发改委这样的部门在正式议程设定上往往拥有更大的影响力，因此，政府部门间也存在着"注意力竞争"的现象，即围绕相关议题竞争议程空间，这些互动本质上起到了"制度摩擦"的作用，因而使我国的宏观政策变迁的间断程度并没有想象中那么高。

（3）重大政策间断出现的时间和政策领域

表 3-4 汇总了所有政策主题中议题注意力占比年度变化大于 250% 的主题，这些议题体现了 2003—2019 年我国发生的一些重大政策间断。同本章第 4 节的分析一样，在这 12 个重大政策间断中，有一半以上的政策间断发生在换届或重大会议召开的年份。例如，2013 年年底的中共十八届三中全会做出了全面深化改革的战略部署，同时宣布全面放开"二胎"政策，因此"体制改革"和"人口政策"两项议题在当年均出现了明显的政策间断；再如，2017 年 10 月中共十九大召开，大会将"习近平新时代中国特色社会主义思想"确立为党必须长期坚持的指导思想，此后在全党掀起了学习十九大精神的热潮，这同样使"理论建设"这一主题出现了明显的政策间断。其他的一些重大政策间断发生的领域和时间往往与焦点事件有关，例如，2003 年 SARS 疫情的暴发使国务院常务会议对"医药卫生"议题的注意力迅速增加了 481%。

表 3-4　2003—2019 年中共中央和国务院日常会议议程"间断"情况汇总

议程占比变化	政策主题	发生时间	政策场域
258%	体制改革	2013/2014	中共中央日常会议
293%	文化	2009/2010	国务院常务会议

续表

议程占比变化	政策主题	发生时间	政策场域
304%	投资与基建	2013/2014	国务院常务会议
362%	体制改革	2013/2014	国务院常务会议
325%	生态环境	2015/2016	中共中央日常会议
327%	区域与人口	2013/2014	中共中央日常会议
422%	产业政策	2005/2006	国务院常务会议
451%	政府职能	2013/2014	国务院常务会议
481%	医药卫生	2004/2005	国务院常务会议
538%	灾害应对	2008/2009	国务院常务会议
567%	理论建设	2017/2018	中共中央日常会议
588%	土地	2003/2004	国务院常务会议

6. 中央层面政策注意力的议题多样性

（1）政策注意力议题多样性的测量

“堆积图”可以在一张图表中呈现出不同政策主题得到的注意力随时间变化的情况，是政策注意力研究中的重要分析工具。图 3-8 显示了 2003—2019 年中共中央日常会议的注意力在 21 个议题间的动态分布情况，从中可以看出，从 2012 年之后，党中央政策注意力的分布变得更加“分散”，也就是说，在 2012 年之前，“宏观经济”和其他党务议题占据了党中央政策注意力的大部分比重，不过从 2012 年年底之后，党的日常会议开始更加关注其他公共政策议题，如生态环境、金融以及行政体制改革等方面，这一转变也使党中央对宏观经济和传统党务议题的相对注意力出现了下降的趋势。不过，国务院常务会议的政策注意力变迁并没有表现出类似的趋势（如图 3-9），相反地，2013 年以来国务院对“产业政策”和“政府职能”的注意力明显且大幅度增加使议程空间变得更加“拥挤”。上述有关议程空间随时间变化实际上反映了注意力多样性的变化问题，为了更加直观和准确的判断党中央和国务院日常会议的议题多样性在这 17 年间是否发生了明显变化，本研究进一步计算了这两个政策议定场所各年度议程变化的信息熵，即香农 H 值。

香农 H 值是一种信息熵的测量方法，它是通过将自然物理定律应用于研究通信，特别是语言和计算机程序而产生的。香农 H 值是一般熵公式的一个变体，最初是应用在热力学领域用于测量热的扩散，之后被引入社会科学领域。由于香农 H 值的设计初衷是为了获知需要多少信息（或比特）才能对一个信号进行分类。因此，无论是在概念上还是在操作上，香农 H 值都比赫芬达尔指数更适合进行议题多样性分析（Boydstun 等，2014）。香农 H 值的计算公式如式 3-19 所示，具体到注意力多样性分析中，它的基本含义是将每个议题获得的注意力的比例乘以该比例的自然对数，然后取这些乘积的负和。

$$ShannonHindex = -\sum_{i=1}^{n} p(x_i) * \ln p(x_i) \qquad (式 3\text{-}19)$$

其中，x_i 表示某项政策议题，$p(x_i)$ 表示某项政策议题受到的注意力占注意力总量的百分比。本研究按照上述公示分别计算了 2003—2019 年党中央和国务院日常会议政策议程的香农 H 值，如图 3-10 所示，从中可以明显看出，从 2013 年开始，党中央日常会议的香农 H 值出现了明显的上升趋势，也就是说，中共中央的议题关注从 2013 年开始变得更加多样。那么，一个需要回应的问题是：为什么中共中央的议程多样性会出现明显变化？本研究认为这与 2013 年后党中央宏观政策议定场所的变化，即中央全面深化改革委员会的建立和运行密不可分。

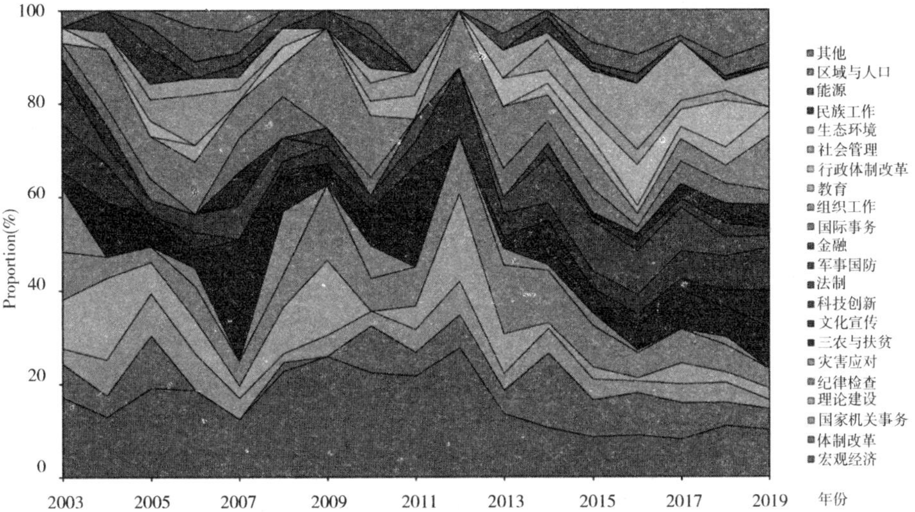

图 3-8　2003—2019 年中共中央日常会议政策议程多样性的时间变化

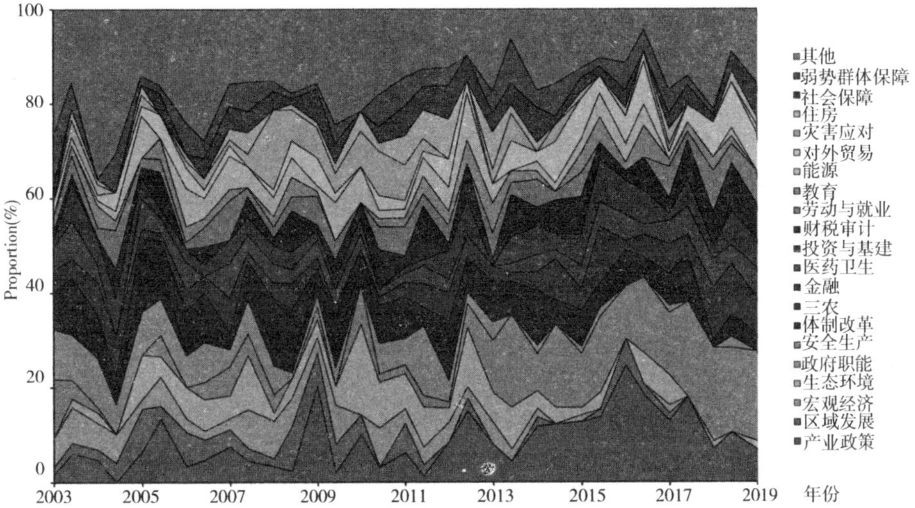

图 3-9　2003—2019 年国务院常务会议政策议程多样性的时间变化

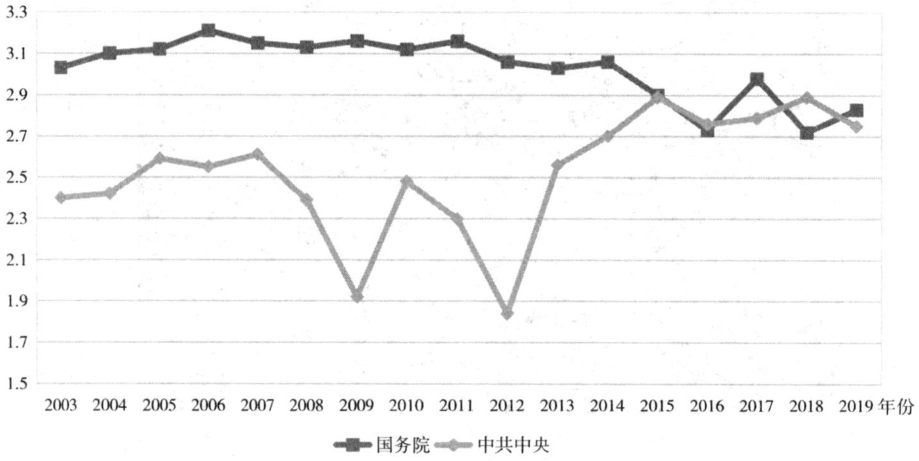

图 3-10　2003—2019 年中共中央和国务院日常会议议程的香农 H 值变化

（2）议题多样性为何变化：基于中央层面政策议定场所的案例分析

2013 年 11 月，中共十八届三中全会审议并通过了《中共中央关于全面深化改革若干重大问题的决定》，该《决定》中明确了全面深化改革的五大领域：经济体制、政治体制、文化体制、社会体制和生态文明体制。2013 年 12 月 30 日，中央政治局会议决定成立中央全面深化改革领导小组（简称中央深改组），习近平总书记亲自担任领导小组组长，领导小组的成员单位包括党中央、国务院若干重要职能部门。从 2014 年 1 月至 2019 年 9 月，中央深改组共召开了 49 次会议，平均每两个月左右召开一次，在这 49 次会议上共讨论通过了超过 350 多份改革文件，涉及多个政策领域，包括宏观经济、金融、文化、公平与法制、行政体制、环境、能源、农业、社会管理、卫生健康、教育等。图 3-11 显示了这些文件在不同政策领域的数量分布，其中“环境”“法制”和“行政体制改革”这三类政策文件的数量最多。如果进一步考察这些政策文件的具体内容我们可以发现，它们不仅提出了政策改革的宏观方向，还针对具体政策问题形成了细化的解决方案，如《关于引导农村土地承包经营权有序流转发展农业适度规模经营的意见》《生态环境监测网络建设方案》《关于建立居民身份证异地受理挂失申报和丢失招领制度的意见》等。因此，从政策注意力配置的角度看，中央深改组作为党中央直属的决策议事协调机构，已经成为重要的宏观政策议定场所，它的成立显著地拓展了中共中央的议程空间，大量专业化的政策议题被纳入正式的决策议程，并形成了有针对性的改革文件或政策方案，从而使 2013 年以后中共中央的政策注意力多样性较之前出现了显著变化。

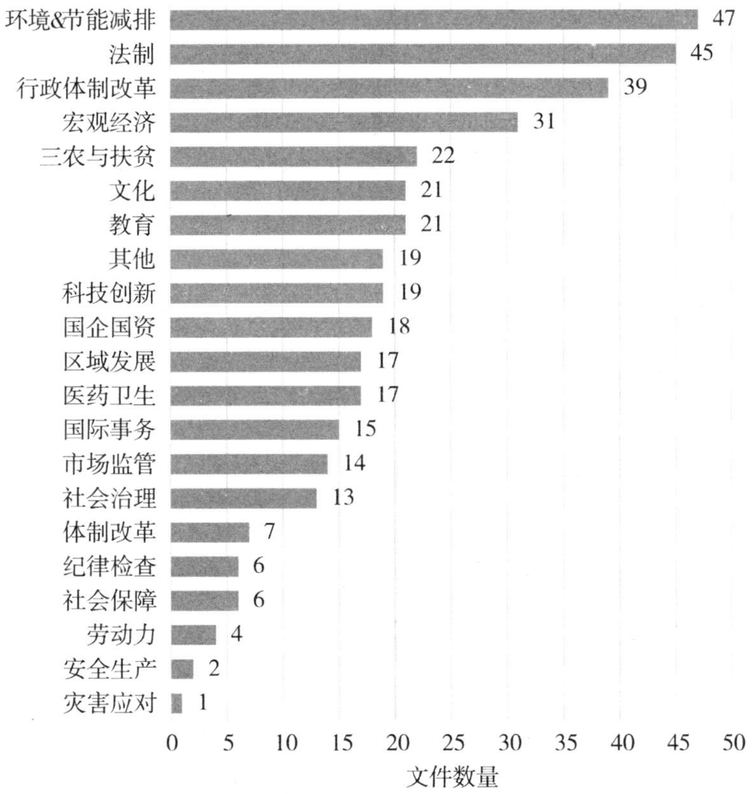

图 3-11　2014—2019 年中央深改组审议通过的文件数量及议题分布

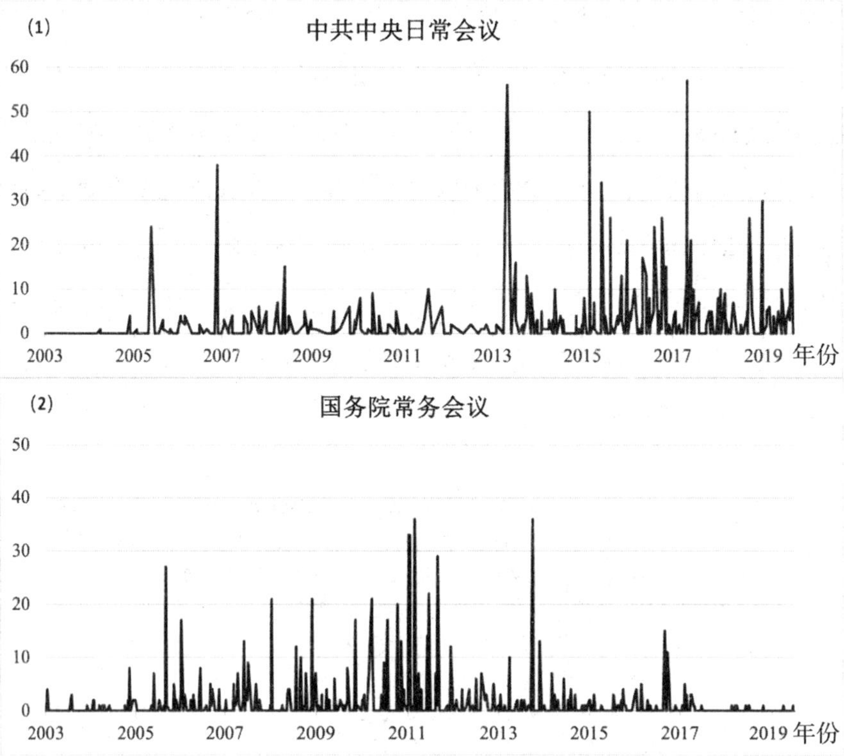

图 3-12　2003—2019 年中共中央和国务院日常会议“环境注意力”的变化

当然，从政策过程的视角看，中央深改组的作用绝不仅仅是拓展党中央的政策注意力空间，更重要的是，这一机制有利于发挥我国“集中力量办大事”的制度优势，从而加速推动重点领域、重点行业的深化改革，以迅速回应转型期中国面临的各种治理挑战。对此，本章以环境议题为例来进一步说明中央深改组这一政策议定场所在当代中国政策过程中所扮演的关键角色。图 3-12 显示了 2003—2019 年党中央和国务院日常会议对环境问题注意力的变动情况，可以明显发现 2013 年后党中央对环境问题的关注度明显增加。本研究还进一步汇总了 2003—2019 年党中央和国务院历次有关环境问题的会议所关注的具体议题（如表 3-5 和表 3-6 所示），同样可以发现 2013 年后在党中央日常会议上讨论的环境问题的总量已经超过了国务院常务会议，中央深改组关注了包括环境保护督察制度、国家公园体制试点、生物多样性保护、环境监管机构垂直化改革、生态文明示范区建设等数十个专业化的政策议题，它们都是事关我国生态文明建设长远发展的体制机制性问题。更重要的是，通过中央深改组这一政策议定场所，一方面可以整合中央深改组内各成员单位的力量和资源，打破行政壁垒，快速形成一份能够平衡各方面利益诉求的改革方案；另一方面则可以依托中央的权威，迅速推动改革在各部门、各级政府以及不同行业的落实，以形成治理效能。例如，2015 年 7 月 1 日中央深改组第 14 次会议审议通过了《环境保护督察方案（试行）》，这一方案旨在强化地方各级党委政府的生态环境主体责任、解决各地存在的突出环境问题。该《方案》出台后不久，中央就在两年时间内完成了对全国 31 个省、自治区和直辖市的环保督察全覆盖。按照生态环境部提供的数据①，第一轮中央环保督察结束后，共 4218 名领导干部被问责，其中包括厅局级以上干部 686 人，直接推动解决群众身边的生态环境问题超过 15 万个，立案处罚 4 万多家企业及相关单位，罚款达 24.6 亿元，可以说，中央环保督察的执行力度和震慑作用是空前的。值得注意的是，“环保督察”机制其实并非诞生于 2013 年，早在 2006 年，当时的生态环境部就建立了“区域环保督察制度”，并在全国设立了六个区域环保督察中心，可是区域环保督察的政策效果却远不如中央环保督察（冀鹏飞，2019；周晓博、马天明，2020）。实际上，不仅是环境治理，中央深改组所关注的问题基本上是转型期我国面临的最棘手的政策挑战，这充分体现了“领导小组机制”在中国政策注意力配置和政策执行中发挥的重要作用。

---

① 数据来源：生态环境部，https：//www. sohu. com/a/322305788_ 717364。

表 3-5　2003—2013 年中共中央和国务院日常会议涉及的环境议题

政策场所	具体议题	
中共中央		
政治局会议		
政治局集体学习	1. 节能减排（2005-06-27） 2. 节能减排（2006-12-25）	3. 应对气候变化（2008-05-28） 4. 应对气候变化（2010-02-23）
领导小组会议		
国务院		
国务院常务会议	1. 三江源保护（2005-01-26） 2. 荒漠化治理（2005-02-23） 3. 荒漠化治理（2005-08-17） 4. 全国环保规划（2005-11-23） 5. 水资源保护（2006-01-25） 6. 松花江治理（2006-03-29） 7. 煤炭清洁利用（2006-04-19） 8. 海洋环境保护（2006-08-30） 9. 松花江治理（2006-11-22） 10. 应对气候变化（2007-05-30） 11. 退耕还林（2007-06-20） 12. 水污染治理（2007-07-04） 13. 环保五年规划（2007-09-26） 14. 资源型地区可持续发展（2007-11-28） 15. 水污染治理（2007-12-26） 16. 太湖环境治理（2008-04-02） 17. 土壤保护（2008-08-13） 18. 电子废弃物回收（2008-08-20） 19. 青藏高原环境保护（2008-10-15） 20. 森林生态恢复（2008-11-12） 21. 三峡环境保护（2008-12-31） 22. 青藏生态安全（2009-02-18）	23. 气候变化与环境影响评价（2009-04-12） 24. 应对气候变化（2009-11-25） 25. 环保五年规划（2010-01-27） 26. 大气污染治理（2010-03-24） 27. 森林资源保护（2010-06-09） 28. 土壤保护（2010-06-12） 29. 生物多样性保护（2010-09-15） 30. 草原生态保护（2010-10-12） 31. 天然林保护（2010-12-29） 32. 淮河流域治理（2011-01-26） 33. 青藏高原环境保护（2011-03-30） 34. 草原生态保护（2011-04-06） 35. 长江环境治理（2011-05-18） 36. 地下水污染（2011-08-24） 37. 渤海环境保护（2011-09-06） 38. 三江源保护（2011-11-16） 39. 大气污染治理（2012-02-29） 40. 节能减排（2012-07-11） 41. 退耕还林（2012-09-19） 42. 土壤保护（2012-10-31） 43. 循环经济（2012-12-12） 44. 海洋环境保护（2013-02-06）

表 3-6　2013—2019 年中共中央和国务院日常会议涉及的环境议题

政策场所	具体议题	
中共中央		
政治局会议	1. 资源节约意识（2013-10-29） 2. 生态文明建设（2015-03-25）	3. 生态文明建设（2015-09-11） 4. 长江生态保护（2016-03-25）
政治局集体学习	1. 生态文明建设（2013-05-24） 2. 海洋环境保护（2013-07-30）	3. 绿色发展与绿色生活（2017-05-26）
领导小组会议	1. 节能减排（2014-06-13） 2. 环保督察；环境监管网络；领导干部环境问责（2015-07-01） 3. 三江源保护（2015-12-09） 4. 森林资源保护；长江经济带环境保护（2016-01-26） 5. 生态文明建设（2016-02-23） 6. 生态补偿制度（2016-03-22） 7. 生态文明示范区（2016-01-27） 8. 环境监管部门垂直化改革（2016-07-22） 9. 生态功能区产业准入；生态文明建设绩效考核；生态补偿机制（2016-08-30） 10. 河长制（2016-10-11） 11. 绿色农业；生态保护红线制度；湿地保护（2016-11-01） 12. 土壤保护；大熊猫国家公园；海洋环境保护（2016-12-05）	13. 流域环境监管（2017-02-06） 14. 固废治理（2017-04-18） 15. 资源环境承载力监测；环境监测数据建设；跨域环境治理（2017-05-23） 16. 祁连山国家公园；生态文明示范区；自然资源离任审计（2017-06-26） 17. 国家公园体制；绿色农业（2017-07-19） 18. 生态损害赔偿制度（2017-08-29） 19. 生态修复（2018-10-10） 20. 农村环境整治；湖长制（2017-11-20） 21. 自然保护地体系；自然资源产权制度（2019-01-23） 22. 绿色消费；塑料污染物治理（2019-09-09）
国务院		
国务院常务会议	1. 大气污染治理（2013-06-14） 2. 城市污水处理（2013-09-18） 3. 农业污染治理（2013-10-08） 4. 生态文明建设（2013-12-18） 5. 大气污染治理（2014-02-12） 6. 水资源节约（2014-05-21） 7. 生态文明建设（2014-08-24） 8. 大气污染治理（2014-11-26）	9. 可持续农业（2015-03-18） 10. 大气污染治理（2015-04-28） 11. 节能减排（2015-12-02） 12. 清洁能源（2015-12-16） 13. 环保五年规划（2016-11-15） 14. 水污染治理（2016-12-06） 15. 大气污染治理（2017-04-26）

7. 本章小结

本章利用2003—2019年中共中央和国务院日常会议新闻通稿数据集，构建了用于政策议程纵向分析的文本语料库，并基于非负矩阵分解的主题建模，识别当代中国政策注意力的宏观结构、议题多样性和时间变迁特征。

本研究发现相比于传统的LDA主题模型，NMF主题模型的输出结果准确度更高，也更具解释力。党中央和国务院日常会议的议程结构表明：2003—2019年，经济发展一直都是党和政府政策注意力的焦点，与经济有关的议题也在议程结构中占据了主导地位。不过，随着改革开放的深入发展，前期高速发展带来的一些深层次问题逐渐显现，党和政府对环境保护、产业结构优化升级、反腐败、政府职能优化等议题的注意力开始逐年增加。对于政策注意力的纵向分析表明，我国议程变迁符合间断均衡理论的一般逻辑，即虽然政策议程长期处于均衡状态，但也会出现偶然且急促的政策间断，大多数重大政策间断的出现与政府换届、重大会议召开或外部焦点事件的发生有关，不过，本研究并没有发现我国政策间断的程度明显高于西方国家。最后，本研究还利用信息熵方法测算了党和国家日常会议注意力多样性的变化特征，结果表明，2013年以后中共中央的政策注意力变得更加分散和多样，越来越多与高质量发展相关的政策议题受到关注。本文认为政策注意力多样性发生变化的原因与中央全面深化改革委员会的成立密不可分，这一政策议定场所有效地增加了党中央的议程空间，通过该小组出台的改革文件达到数百份之多，涉及十几个专业化的政策领域。本研究认为，领导小组机制是中国议程设置模式区别于西方国家的一个重要特征，它有利于实现集中力量办大事，特别是在我国进入高质量发展的关键时期，中央深改组为党中央研究和应对各种治理挑战提供了重要平台。

第 4 章

省级层面的议题关注：基于省政府常务会议的分析（2008—2017）

第 3 章基于政策注意力配置的经典理论并通过引入主题模型的方法对我国中央层面的宏观政策的政策注意力进行了“纵向+多议题”的分析。那么，作为“上承中央、下启市县”的省级政府会如何配置其政策注意力呢？省级政府的政策关注与中央政府又存在哪些异同？又该如何准确测量省级政府对不同政策议题的关注度？本研究认为，与中央政府类似，省级政府每月定期召开的政府常务会议能够精准捕捉其政策注意力的日常动态，有助于实现对地方政府政策关注度的测量。因此，本章将以全国各省、自治区和直辖市政府常务会议为具体研究对象，首先利用主题模型揭示各省级政府政策议程的宏观结构，然后进一步结合质性文本分析法测量省级政府对不同政策议题的相对关注程度，最后系统地呈现省级层面政策注意力配置的日常动态及其变化特征。

1. 为什么聚焦“省政府常务会议”

本章之所以选择省政府常务会议作为测量省级政府政策注意力的主要载体，是因为省政府常务会议在省的行政决策和政策过程中占有重要地位。省政府常务会议讨论的议题既是一个省施政思路和重心的直接体现，也是观察决策层与老百姓互动的重要窗口，因而被视为地方政府政策发力的“风向标”（一莽，2015）。一般情况下，省政府常务会议每周或每两周召开一次，由省长、副省长、秘书长组成，由省长负责召集和主持，并根据每次会议的实际需要，安排与议题直接相关的有关部门、单位负责人、市县人民政府部门主要负责人列席会议。

从会议的主要任务来看，各省政府常务会议大同小异。以贵州省为例，2018 年 7 月 16 日印发的《贵州省人民政府工作规则》规定省政府常务会议的主要任务有 12 项①，分别是：

（1）传达贯彻党中央、国务院的重要指示、决定和会议精神，研究贯彻落实省委、省人大常委会重要决定、意见和建议的工作措施；

（2）讨论决定上报国务院和省委的重要请示、报告；

（3）讨论提请省人大及其常委会审议的工作报告和地方性法规等议案；

（4）研究和审定以省政府名义发布或批转的规章、决定和重要规范性文件；

（5）研究和决定全省国民经济和社会发展及其重要专项规划、计划，研究全省财政决算；

（6）研究分析一定时期全省经济社会发展形势和重点工作任务推进情况，通报省政府总体工作情况；

（7）讨论决定事关全局的重大建设项目安排、重要资金使用、重大经济社会活动及重点领域关键环节改革等事项；

（8）讨论决定加强政府自身建设的重大事项；

（9）研究省政府各部门和各市人民政府、省直管县（市）人民政府上报

① 资料来源：贵州省人民政府网站，省人民政府关于印发《贵州省人民政府工作规则》的通知，http：//www.guizhou.gov.cn/zwgk/jbxxgk/fgwj/szfwj_ 8191/qff_ 8193/201808/t20180803_ 1463841.html。

的重要请示或重要报告；

（10）讨论须由省政府做出决定给予表彰和奖励的重要事项；

（11）研究和决定省政府对行政部门领导干部进行问责的有关事宜；

（12）讨论需要省政府常务会议决定的其他事项。

上述内容充分表明，省政府常务会议是本省讨论议定重要公共事务的核心场所，重大公共事务的决策以及全省经济、财政、行政等重大资源的配置均需要通过省政府常务会议讨论决定。值得注意的是，议题在进入省政府常务会议前都要经过充分的调研论证和层层审核，以此确保这些议题都是经济社会生活中最重大、最紧迫的问题。因此，并非每个上会议题都能被通过，参会人员可以就不同的议题提出看法或意见，但有些议题可能会被打回部门，要修改后再重新上会审议。例如，《海南省人民政府会议制度》规定：提交省政府常务会议的材料要简明扼要、突出重点，议题汇报要紧扣主题、开门见山，没有经过认真调查研究和充分协调的事项、非全局性工作和重大问题，不得提交常务会研究。① 因此，省政府常务会议是观察地方政府政策注意力配置的重要窗口，对省政府常务会议文本数据的系统分析有助于窥探各省级地方政府对不同政策议题的注意力水平。

2. 数据收集

同国务院常务会议一样，各省都会在政府常务会议召开后通过当地官方媒体发布一份涵盖会议主要内容的新闻通稿，我们将这些文字资料作为分析省政府常务会议政策注意力的主要素材。为此，我们利用《中国重要报纸全文数据库》并按照时间顺序手动检索下载了各省党报党刊关于政府常务会议

① 资料来源：海南省人民政府网站，海南省人民政府办公厅关于印发《海南省人民政府会议制度》的通知，http：//www.hainan.gov.cn/data/zfgb/2006/02/246/。

的通稿文本，但是，该数据库在数据收录上还存在两方面的不足：一是只能检索到2011年以来，各省相对完整的常务会议文本数据，二是极个别省份的党报党刊没有被纳入该数据库，这给本研究的数据获取造成了一定的困难。

因此，为了进一步增加样本量，本研究又通过检索各省政府官方网站及其信息公开专栏、人民网、新华网、中央政府网站、地方党媒党报数据库以及各地统计年鉴等多种途径最终获取了涵盖30个省、自治区和直辖市政府2008—2017年政府常务会议的文本数据集①，共包括6679份各省政府常务会议的新闻通稿，表4-1呈现的就是这30个省区市在2008—2017年召开的省政府常务会议的总次数。其中，这10年间各省每年平均会召开22次省政府常务会议，每月平均至少召开约2次。数据显示，甘肃省政府常务会议的召开频率最高，10年间共开会297次，之后依次为北京（295次）、重庆（283次）、四川（274次）和宁夏（272次）。总体来看，直辖市和中西部地区省政府常务会议的召开频次要明显高于东部省份。

表4-1　2008—2017年30个省政府常务会议的召开频次

省份	次数	省份	次数	省份	次数
北京	295	浙江	185	海南	193
天津	222	安徽	236	重庆	283
河北	225	福建	212	四川	274
山西	264	江西	199	贵州	204
内蒙古	199	山东	197	云南	214
辽宁	189	河南	247	陕西	235
吉林	187	湖北	257	甘肃	297
黑龙江	198	湖南	210	青海	209

① 西藏自治区政府常务会议文本数据缺失严重，香港特别行政区、澳门特别行政区以及台湾地区的相关数据暂无法获取，因此在本研究中未被纳入。

续表

省份	次数	省份	次数	省份	次数
上海	185	广东	188	宁夏	272
江苏	197	广西	214	新疆	192

为了利用主题模型探究地方政府常务会议的议题结构，与第3章的处理方法类似，本研究首先对上述6679份文档进行文本预处理，主要工作包括转换文本格式、导入政策词库进行分词、删除数字符号并完成停用词操作等，考虑到地方政府常务会议关注的政策议题可能更为具体并且突出“地方特色”，本研究在加载自定义词表时增加了多个专业词库，并在第3章使用的停用词表的基础上新增加了涵盖地方政府官员人名以及新闻通稿常用词汇的停用词表。①

3. 建模与调试

预处理操作过后基本形成了用于主题建模的省政府常务会议文本语料库，按照第3章的处理方法，本研究仍然使用NMF模型进行主题建模。根据之前的经验并考虑到省政府常务会议文本的数量，本文首先将主题数目（k）的范围确定为15~50，之后根据不同主题数目的输出结果的可解释性来初步确定k值，最后再利用主题一致性评估来检验k值的选择是否合理。经过多次的参数调试，本研究将最佳k值确定为32，因为当k=32时，输出结果中首次出现了一个主题被拆分为多个单独且具有相同含义的细分主题的现象

① 本章新加载的自定义词库包括《四级行政区划地名库》《省级简称词库》《中国风景名胜词库》《财经金融词汇》《法律词汇》《农业农村常用词汇》等。新加载的地方政府官员人名停用词表涵盖了2008年以来全国30个省区市省委常委会、省政府、省人大常委会以及省政协正、副职领导人的名字。

(同时出现了三个以“农业”为第一关键词的主题，而且无法根据关键词簇来区分这三个主题)，并且随着 k 的增大，这一现象越来越严重，一些主题被过度拆分为了多个细分主题，并且这些细分主题的关键词中出现了与本主题不相关的词汇，导致无法确定主题标签，因此，本研究将最优主题数确定为 32 个。而之后的主题一致性检验也表明，k = 32 也是相对合理的，如图 4-1 所示，主题一致性得分曲线在 k = 5 到 k = 31 之间一直处于上升趋势，直到 k = 32 时首次出现下降，之后又开始上升，这表明将 k 的值确定在 32 附近是较为合适的。

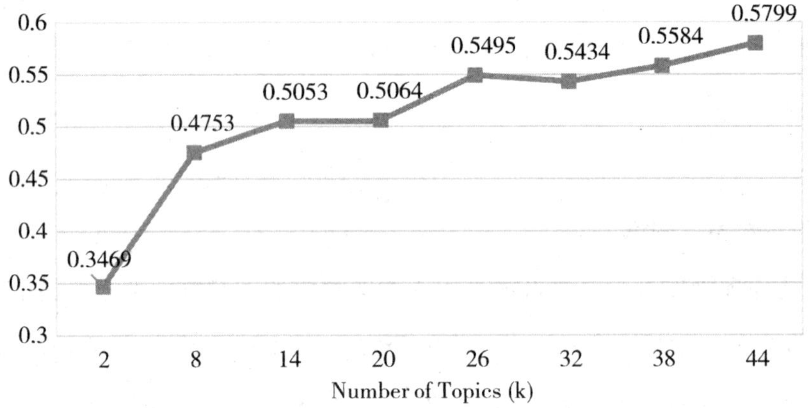

图 4-1　省政府常务会议文本主题建模的一致性得分

4. 省政府常务会议的议题结构

表 4-2 显示了 NMF 主题模型输出的全国省级政府常务会议的议程主题及其关键词，从中可以看出 2008—2017 年这 10 年间各省级地方政府所关注的政策领域和内容：

一方面，省政府常务会议的议程结构与本文第 3 章国务院的政策议程基本保持一致，一些事关地方经济社会发展、反映政府核心职能的政策议题，如产业发展、宏观经济、政府职能、“三农”、安全生产、投资与基建、节能减排、生态环境、审计财政、政府工作报告、教育、住房、医疗、土地等均与中央政府的注意力配置保持一致，不过，其中体现中央政府权责的政策议题，如港澳事务、体制改革等并没有出现在省政府的议程结构中。

另一方面，省政府常务会议所关注的部分政策议题也体现了地方政府的职责及其近年来的施政重点。例如，“民生实事”是我国各级地方政府普遍关心的一项重要政策议题，在每年年初，各省通常会召开常务会议研究确定本省本年度的民生实事计划①，并且在年中再次召开会议，然后对民生实事的完成情况进行中期的评估和政策协调，年末还要再专门召开会议进行工作总结，因此，民生实事已经成为各省政府常务会议的一项常规议程。此外，中央领导同志的重要讲话或中央层面的重要会议（如党的全国代表大会、历次中央委员会全会、全国两会等）精神的传达与贯彻落实、地方五年发展规划的编制、城市建设与区域发展等也都是省政府常务会议关注的重要议题。

值得注意的是，还有一些议题反映了近年来外部宏观环境的变化。例如，2015 年，中央扶贫开发工作会议上明确了“坚决打赢脱贫攻坚战，确保到 2020 年所有贫困地区和贫困人口一道迈入全面建成小康社会”的战略目标，此后“脱贫攻坚”成为地方政府的一项重要议事日程。与“脱贫攻坚”类似，党的十八大以来，巡视督察制度日趋完善，中央巡视组、中央环保督察组、国务院大督查组等各类高规格督察组频繁进驻各省，因此，按照督察组要求对整改工作进行安排部署也成为省政府常务会议需要经常关注的

① 尽管不同省份对“民生实事”的叫法略有不同，如民生工程、民心工程、民生大事等，但这些政策的目标和内容基本保持一致，即通过完成若干件标志性的民生实事，解决老百姓在工作、出行、学习、就医等方面存在的困难，改善他们的生活品质，提高老百姓的获得感。

问题。

表 4-2　省政府常务会议的主题及其关键词

编号	主题	关键词
01	产业发展	产业发展；培育；工业；新兴产业；制造业
02	宏观经济	经济发展；增长；经济运行；经济形势；平稳
03	安全生产	生产事故；责任；检查；煤矿；整治
04	政府职能	行政审批；取消；行政许可；下放；简政放权
05	民生实事	实事；民生工程；办实事；群众；资金
06	投资与基建	项目；投资；重点项目；重大项目；基础设施
07	“三农”	农村；农民；低保；“三农”；农业
08	防灾减灾	重建；恢复；灾区；地震；抗震救灾
09	企业政策	企业；成本；政策；国有企业；中小企业
10	文化旅游	旅游；旅游业；文化；消费；品牌
11	节能减排	节能；减排；目标；能源；淘汰
12	审计财政	审计；监督；预算；整改；财政
13	扶贫脱贫	脱贫攻坚；扶贫；扶贫开发；攻坚战；搬迁
14	医药卫生	医药卫生；医改；医疗卫生；体制改革；试点
15	就业与劳动力	就业；创业；毕业生；农民工；岗位
16	生态环境	生态保护；环境保护；生态文明；治理；污染防治
17	政府工作报告	政府工作报告；讨论稿；执行情况；国民经济；起草
18	科技创新与人才	创新；科技；人才；创业；自主创新
19	城市建设与发展	城市；管理；总体规划；环境改造；交通
20	食品安全	食品安全；食品；监管；安全监管；人民群众
21	粮食	粮食；农产品；粮食生产；现代农业；粮食安全
22	服务业发展	服务业；养老；健康；服务；养老服务
23	发展规划编制	规划；发展；十二五；开发；十三五
24	住房	住房；租赁；房地产；保障性住房；棚户区
25	土地	土地；用地；耕地；节约；集约

续表

编号	主题	关键词
26	价格与市场供应	价格；市场；市场供应；物价；稳定
27	教育	教育；职业教育；义务教育；学校；学生
28	法制与依法行政	立法；规章；法规；依法行政；法治政府
29	金融	金融；实体经济；金融机构；金融服务；金融风险
30	社会保障	残疾人；小康；就业；补贴；社会保障
31	中央精神学习	学习；总书记；精神；重要讲话精神；政治
32	督察整改	整改；督察；环保；责任；清单

5. 省政府常务会议议题关注度的测量

虽然主题模型可以揭示省政府常务会议政策注意力的议题结构，但要想得到省政府常务会议针对不同议题的关注程度，还需要进一步的测度，而在管理学或组织学研究中，对组织或决策者注意力的测量也是开展实证研究的第一步。由于Simon和Ocasio等较早地将注意力引入管理学的学者只是从宏观层面提出注意力对组织决策和管理绩效的重要性，却未能将这一抽象概念予以具体操作化，之后的学者则在组织注意力的测量上进行了探索，以便进一步开展实证层面的组织注意力研究。总体来看，管理学文献对组织注意力的测量形成了三种主要方法：

一是基于质性文本分析的内容编码。这一方法主要是对组织内部的各种文本材料进行编码和内容分析，因为讲话和文字能够体现决策者当下的思维过程，对某一问题着墨的多少往往越能反映出决策者对这一问题的关注程度，其中，企业管理研究中常使用企业年报、董事会报告、致股东的信件、公司会议纪要、高管讲话稿等文本材料（Brown、Treviño、Harrison，2005；Kaplan，2008；陈守明、唐滨琪，2012；曾宪聚、黄金楷、严江兵，2020）；二是问卷调查法。该方法在企业管理研究中较为常见，研究者通过设计问项、开发量表来测量决策者对某一问题的关注程度（Bouquet、Morrison、Birkinshaw，2009；Stevens，等，2015；许晖、郭净，2013）；三是基于互联网搜索指数的注意力测量。近年来这一方法被较多地使用，特别是在金融和国际贸易研究中常被用于测量投资者或其他市场主体注意力配置的变化（俞庆进、张兵，2012；于博、吴菡虹，2020）。

对本研究来说，以上三种组织注意力的测量方法中，问卷调查法显然不具有可行性，而互联网搜索指数常用于对投资者或公众注意力的测量，与本研究的主题相去甚远。因此，只有基于质性文本分析的内容编码法具有较强的可操作性。实际上，该方法也被视为组织注意力测量的主流方法（于飞，2014；王琼，2014），只要找到能够反映组织注意力配置的文本材料，便可以利用编码技术测量注意力水平。由于本研究已经获取了2008—2017年全国30个省级政府常务会议的文本数据集，原则上利用质性文本分析法对这些文本数据进行编码就可以测量出各省政府在这10年间对不同政策议题的注意力水平。不过，需要注意的是，传统上基于对含关键词的句子进行计数或计算百分比的测量方法可能存在着一些问题：一是关键词的得出往往具有主观性，选择哪些词汇来反映组织对某一问题的注意力配置目前还没有统一的标准；二是很多关键词往往都存在“一词多义”的现象，例如，“环境”一词在不同语境下可能表达了完全不同的含义（如“生态环境”和“营商环境”），这样的词汇在中文类文本中非常常见，词义的多样性和模糊性不仅容易造成注意力测量的偏误，而且对这些词汇的甄别和排除本身就是一项费时费力的工作；三是用“含关键词的句子数占总句子数的比例”来测量相对注意力，但这种方法并不适合新闻通稿这类特殊的文本，因为新闻通稿并不是会议记录或讲话原稿，其中包含许多媒体惯用语或一些没有实际意义的句子，如果以句子为编码和计数的基本单位，很容易造成注意力测量的偏误。

为了更加准确地测量省政府对不同政策议题的相对注意力，同时也考虑到本研究的文本数据特点，本研究将以本章第 4 节中的主题模型输出的省政府常务会议政策议程主题为基础，首先按照质性文本分析的思路和方法进一步形塑出一个更加完整的编码类目系统，并完成对文本数据的编码，从而识别出各省政府历次常务会议讨论的议题的数量、分布领域并进行归类统计，之后再测算“某年某类议题讨论次数占当年所有议题讨论总次数的比例”，并以该比例值作为该省政府当年对某类政策议题相对关注程度的代理变量，该比例值越高说明省政府当年对某项议题相对更加关注。相较于传统基于关键词编码的注意力测量方法，本研究侧重于识别文本中包含的议题类别及其数量，这有助于实现政策主题和文本内容的有效匹配，提高相对注意力测算的准确度。

（1）文本编码的思路

在质性研究方法中，文本编码存在两种基本范式（Miles、Huberman，1994）：第一种范式是“从内容到代码（from content to codes）”，这一范式倾向于采用归纳法，也就是在编码前不需要预先建立任何代码系统，而是直接利用文本材料一步步形塑出代码系统，这实际上就是“扎根理论”提倡的编码方法（Glaser 等，1968）；第二种范式则是“从代码到内容（from codes to content）”，这一范式主张编码类目体系的建立过程可以介于“预定式”和“归纳式”之间，也就是在正式编码前要有一个基本说明，它虽然不能做到面面俱到，但却能指出编码的基本范围，研究者可以在这一范围内进一步丰富代码系统（Lofland，1971），这一方法适合在研究者对文本内容有一定了解的情况下使用。对于政策注意力研究来说，国外基本上使用的是后一种编码范式，即事先形成一套编码系统，之后再根据这一系统对文本进行编码，最后通过对编码内容的归类和计数来测量政府对不同政策议题的注意力，Baumgartner 和 Jones 等人开发的比较议程编码本就是西方学者普遍使用的代码系统，该编码本可用于对西方国家政府、政党、立法机关、新闻媒体等发布的文本的内容编码。对于本研究来说，直接利用西方学者开发的比较议程编码本显然是不合适的，而实际上本文前期已经利用主题模型呈现了地方政府政策议程的基本结构，这就相当于为文本编码提供了一个范围，因此，完全可以采用“从代码到内容”的编码范式，在主题模型确定的较为宏观的政策主题的基础上，进一步利用文本材料形塑出更加具体详细的类目体系，即开发出一个适用于分析当代中国省级政府政策议程的编码类目系统，从而提高文本编码的准确性。

综上所述，本研究的文本编码的基本思路是：首先进行预编码，即选择三个省的样本数据进行编码，预编码的目的主要有两个，一是在主题模型输出结果的基础上细化类目表并完成代码的层次分析（政策主题间的归类合并），主题模型输出的结果相当于一级代码（模式代码），接下来的工作就是利用文本材料进一步形塑二级代码（诠释性代码）和三级代码（描述性代码）①；二是总结预编码过程中可能出现的问题并明确处置方案，从而为正式编码提供参考。预编码之后进行正式编码，即利用预编码阶段形成的编码类目表，完成对所有省份文本内容的编码，识别各省历次常务会议的主要议题，并进行归类和计数。在完成对所有文本的编码计数后，再测量各省每年对不同政策议题的相对注意力水平。需要说明的是，本文的编码过程遵循了

① 描述性代码的抽象程度最低，是低诠释性的，它的作用就是将文本内容用一个词汇进行描述，而不做进一步的归纳和提炼；诠释性代码比描述性代码的抽象程度更高，在描述性代码多到一定程度时，会发现不同描述性代码可能属于共同的主题，这时诠释性代码便出现了，例如“污染源治理”和“荒漠化治理”这两个描述性代码可能都属于“环境治理”，而“公共建筑节能”与“碳市场交易”这两个描述性代码都属于“节能减排”这一议题。模式代码的抽象和概括程度最高，在本研究中基本上对应于主题模型输出的代码，例如，之前提到的“环境治理”和“节能减排”这两个描述性代码就属于“生态环境”这一模式代码。

Kuckartz（库卡茨，2014）提出的“七阶段质性文本评估方法”，以提高编码质量（如图 4-2）。在七个编码关键环节中，前四个阶段属于“预编码”阶段，即以主题模型输出的议程主题作为一级代码，对一部分文本（三个省的文本数据）进行内容编码和类目体系构建，之后再对整个数据集进行编码，并完成对整个类目体系的描述性分析（计数和文本诠释）和案例呈现。

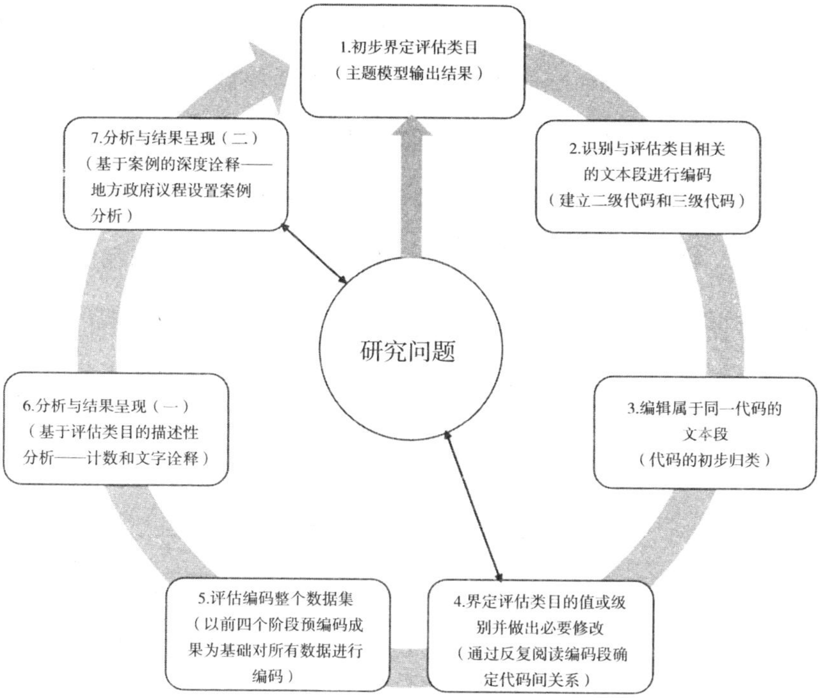

图 4-2　质性文本编码评估的七个关键阶段

（2）文本编码的单位

由于新闻通稿的特殊性，本文决定以“段落”为基本单位进行编码，因为省政府常务会议新闻通稿的格式较为统一和规整，每一段内容基本上完整地表达了一项政策议题。如果以句子为基本单位进行编码，会因为一些句子含义的模糊性而影响编码和归类的准确性，同时也会严重干扰之后注意力水平的测算。因此，按照质性文本分析的惯例，当句子不适合作为编码单位时，可以考虑以“段落”“文块”甚至“篇章”为单位进行编码，从而便于将文本内容与代码建立起直接和清晰的映射关系（Miles、Huberman，1994）。

（3）文本编码的步骤

为了形塑出一个完整的编码类目体系，本文首先选择上海、山西和广西三个省（区市）的政府常务会议的文本数据进行预编码，这三个省份分别位于我国的东部、中部和西部地区，而且包括了少数民族地区和直辖市，具有较好的代表性。表 4-3 是对 2015 年山西省人民政府第 74 次常务会议文本进行编码的实例，首先为每一段确定一个简短且明确的描述，然后将同类的描述进行汇总，并赋予其诠释性代码（二级代码），最后将诠释性代码与主题模型输出的议程主题（模式代码）进行匹配。为保证编码过程的可靠性，预编码由本文笔者和一位同专业的博士研究生一起完成，并邀请了一位质性研究方法方面的专家组成编码小组，以便在出现编码争议时进行讨论和仲裁。

表 4-3　文本编码实例

文本内容（摘要）	现象描述	二级代码	一级代码
（第一段）会议指出，明确地方金融监管职责和风险处置责任，对于加强和改善地方金融监管，深化金融改革，防范金融风险，促进地方金融健康发展具有很重要的意义……	金融市场监管	金融	宏观经济
（第二段）会议听取了我省落实和承接《国务院关于取消和调整一批行政审批项目等事项的决定》的情况汇报，原则通过我省落实承接意见，并决定进一步取消、下放和调整省本级行政审批事项……	行政审批与商事制度改革	政府职能	政府行政与法治

续表

文本内容（摘要）	现象描述	二级代码	一级代码
（第三段）为保障改善民生，体现党和政府对企业退休人员的关怀，会议决定，报请国家有关部门批准后，从 2015 年 1 月 1 日起，进一步提高企业退休人员基本养老金水平……	城镇居民社会养老保险	社会保障	民生与社会保障
（第四段）会议决定，今年要在继续执行中央及我省各项惠农政策的基础上，再出台十项新的惠农政策，涉及资金 15.76 亿元，其中省级预算新增惠农政策资金 8.12 亿元，主要用于……	惠农补贴	“三农”	“三农”与扶贫
（第五段）会议原则通过第二十五届全国图书交易博览会总体方案	重大文化产业活动	文化	文教、体育与旅游

在预编码过程中，编码人员遇到了几个问题并逐一通过讨论达成了共识：一是对模式代码（一级主题）进行适当的合并。在编码过程中发现，如果模式代码过于细化，编码人员在将描述性代码进行归类时很容易出现“模棱两可”的现象，例如，一些关于“三农”问题的描述性代码同时也可以归类到“扶贫脱贫”这一主题下，因此，编码小组对一些含义十分相近或相关的模式代码进行了合并，最终形成了 17 个模式代码。二是对一些有歧义的政策议题的编码和归类做了具体规定，尽管通过合并一级主题可以在一定程度上减少次级代码归类时容易出现的偏误，但仍有一些描述性代码的归类标准需要明确，这些代码表达的主题往往同时涉及两个政策领域，如“农村义务教育学生营养改善（同时涉及教育和“三农”两个政策主题）”“科技型中小微企业发展（同时涉及科技和企业两个政策主题）”“农业人口转移（同时涉及“三农”和人口两个政策主题）”等，对于上述类型的代码，尽

管其数量不多，但为确保之后对单议题注意力测量的准确性，编码小组对这些有歧义代码的归类方法也做了具体规定。① 三是在预编码阶段对代码的命名和含义又进行了反复的论证，力求在编码小组内形成有明确共识性的定义，确保两位编码员都知道代码的意义以及每一段内容最适合哪个代码。为此，按照 Miles（麦勒斯）和 Huberman（休伯曼）（1994）的建议，本研究计算了预编码阶段两位编码员为同样的 130 份文档（约占预编码样本总量的五分之一）进行编码的一致性测度②，经过三轮的编码过程，编码人员之间的一致性程度基本接近 100%。此外，本研究还计算了编码人员的内部一致性程度，也就是每个编码员在不同时间对同样的 130 份文档编码的一致性水平。最后，在正式编码阶段，本研究又随机对 100 份文档进行了一次编码信度检验，以保证编码质量。

预编码后形成了一个相对完整的编码类目系统（详见附录 2），该类目系统共包括 17 个模式代码、69 个诠释性代码，这一代码系统可以指导本研究完成对其余省份政府常务会议文本数据的编码和议题识别。在正式编码阶段，编码员会根据实际情况按照预编码阶段形成的规则和共识对部分代码进行几处微调（主要是增加部分描述性代码）。在完成对所有文本的编码、归类和计数后，本研究测算了各省在不同年份对环境、经济等主要政策议题的相对注意力水平，即省政府某年对某项政策主题的相对注意力水平 = 省政府当年对该项政策主题讨论次数（对某一级代码的编码节点数）/省政府当年对所有政策主题的讨论总数（对所有一级代码的编码总节点数）。

---

① "有歧义"代码的归类原则：按照段落中属于某一政策议题的关键词的词频来确定该段属于哪一主题，关键词的选取以主题模型输出的关键词词簇为标准。

② 编码一致性是检验文本编码信度的通用方法，其中，编码员间编码一致性的计算公式为：编码一致性 = 两位编码员相互编码一致的段落数/（相互编码一致的段落数 + 相互编码不一致的段落数）。

6. 省政府常务会议议题关注度的主要特征

（1）省政府常务会议对不同议题的相对关注度

本研究首先呈现了 2008—2017 年省政府常务会议对不同类型政策议题关注度的变化情况。图 4-3 显示的是省政府常务会议对“宏观经济”“产业与企业”“投资与基建”以及“生态环境”这四项政策主题相对关注度的时间变化，从中可以看出这三点：①省政府对“宏观经济”始终保持着较高的注意力水平，从 2008—2017 年，相对注意力的均值始终稳定在 0. 16 左右，且远高于对其他政策议题的相对关注度，这一变化趋势与第 3 章中中央政府对宏观经济议题的关注度类似，说明宏观经济运行的分析研判和工作部署是省政府日常决策的核心议题；②省政府对“产业与企业”的关注度虽不及“宏观经济”那样高，但其变化趋势也较为稳定（10 年间的相对注意力均值保持在 0. 09 左右），而省政府对“投资与基建”的相对注意力似乎呈现波动下降的趋势（2008—2010 年间相对注意力维持在 0. 08 左右，而 2014 年以后则下降到 0. 06 左右）；③相较于经济类议题，10 年间省政府常务会议对“生态环境”的关注度则出现了稳定的上升趋势，特别是在 2015 年以后，相对注意力的增长态势变得更为明显（从 2008 年的 0. 071 增加至 2017 年的 0. 132），并且从数值上看，省政府对“生态环境”的相对注意力逐渐超过了“投资与基建”，在个别年份（2013 年、2016 年和 2017 年）甚至超过了对“产业与企业”议题的关注度。

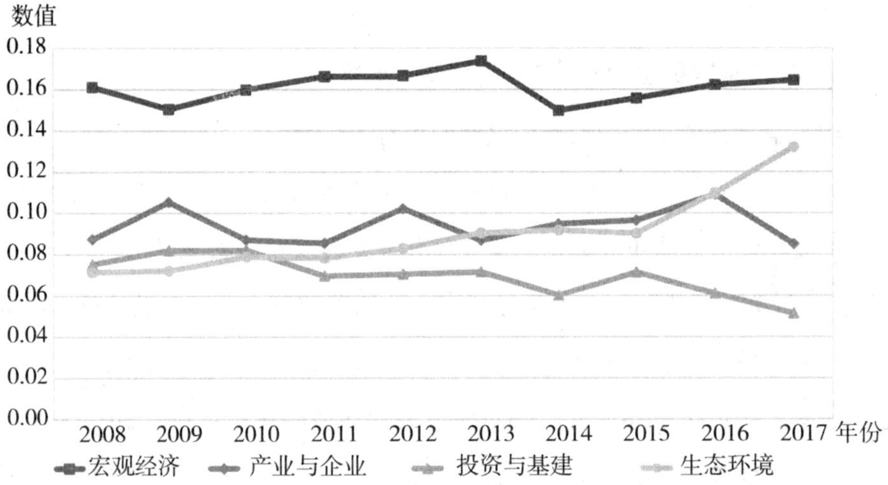

图 4-3 省政府常务会议经济和环境注意力均值的变化（2008—2017）

图 4-4 呈现了省政府常务会议对“政府行政与法治”“应急管理与社会稳定”“民生与社会保障”“人口与区域发展”这四类政策议题的相对注意力变化。2008—2017 年，省政府对“政府行政与法治”的注意力经历了明显变化，特别是在 2012—2013 年，相对注意力出现了大幅度增加，之后一直保持在较高水平（0. 12 左右），这显然与 2013 年以来中国加快推进政府职能转变的一系列改革（“放管服”改革）有关，地方政府作为此轮简政放权改革的主要实施对象，需要将一定的注意力资源聚焦在相关议题上，包括行政审批改革、商事制度改革、政府监管职能优化以及行政行为规范等。而“应急管理与社会稳定”“民生与社会保障”“人口与区域发展”这三类议题属于我国地方政府政策议程中的常规议题，省政府对这些议题的注意力保持相对稳定的状态，并没有像“政府行政与法治”那样出现明显的起伏波动。

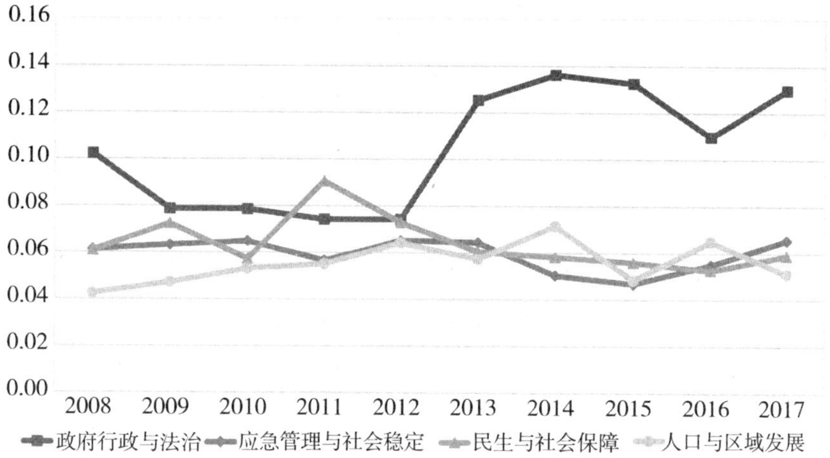

图 4-4　省政府常务会议对其他政策议题注意力均值的变化（2008—2017）

由上述分析可知，在众多政策议题中，省政府常务会议对“生态环境”议题相对关注度的上升趋势最为稳定和明显，那么，这一趋势在不同省份中又是如何体现的呢？图 4-5 则从区域层面展现了不同省份生态环境相对关注度的差别。

总体来看，10 年间，东部省份对环境议题的相对注意力水平整体较高，如北京（0. 12）、江苏（0. 11）、浙江（0. 11）、福建（0. 11）、广东（0. 10）等地，中西部地区的山西和内蒙古这两个煤炭资源大省对环境议题的关注度也比较高（分别为 0. 11 和 0. 10），可能与这两省面临着较大的资源约束和环保压力有关，特别是山西，长期以来，“一煤独大”的产业结构对生态环境造成了巨大的破坏，2010 年 7 月，国务院同意在山西设立“国家资源型经济转型综合配套改革试验区”，这对山西加快产业结构的优化升级和经济结构的战略性调整、建设资源节约型和环境友好型社会提出了更高的要求。因此，在资源环境约束日益趋紧、中央要求加快转型发展等外部压力的作用下，山西加强对生态环境议题的重视也就不足为奇了。

此外，西部省份对生态环境的相对注意力低于东部地区，这可能是因为西部省份多为欠发达省份，比东部省份面临着更多加快经济社会发展的压力，因此，省政府需要将更多的注意力资源配置放在与经济发展有关的议题上，从而导致对环境注意力的相对减少。不过，西部省份中的青海在2008—2017年的平均环境相对注意力水平达到了0.12，居全国第一，这与青海省的发展定位有密切的联系，青海在2008年就正式提出了“生态立省”战略，作为中国乃至亚洲最重要的生态屏障和水源涵养区，青海被誉为“中华水塔”，其独特的生态地位决定了青海在发展过程中，生态保护是第一位的。此外，加强生态环境保护也是中央赋予青海的重大政治任务，2014年《青海省生态文明先行示范区建设实施方案》获国家批复，生态经济、循环经济、低碳经济正式被确立为青海发展的主导模式。因此，青海省政府常务会议对环境问题的关注必然要高于其他省份。

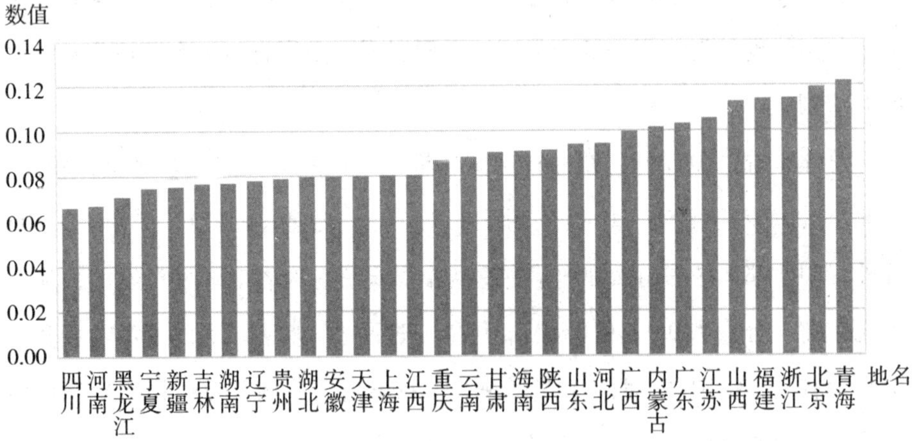

图4-5　各省政府常务会议对生态环境议题相对关注度排名

图4-6呈现了2008—2017年全国30个省、自治区和直辖市政府常务会议对“生态环境”议题相对注意力水平的变化情况，从中可以看出，大多数省区市对环境的相对注意力呈波动上升的趋势，特别是在2014年和2015年

以后，除了重庆、广西、上海等少数几个省区市外，其余省份对“生态环境”的关注度较之前都出现了明显上升的趋势，这说明党的十八大以来，生态环境保护在地方政府正式议程中的地位普遍得到了提升。

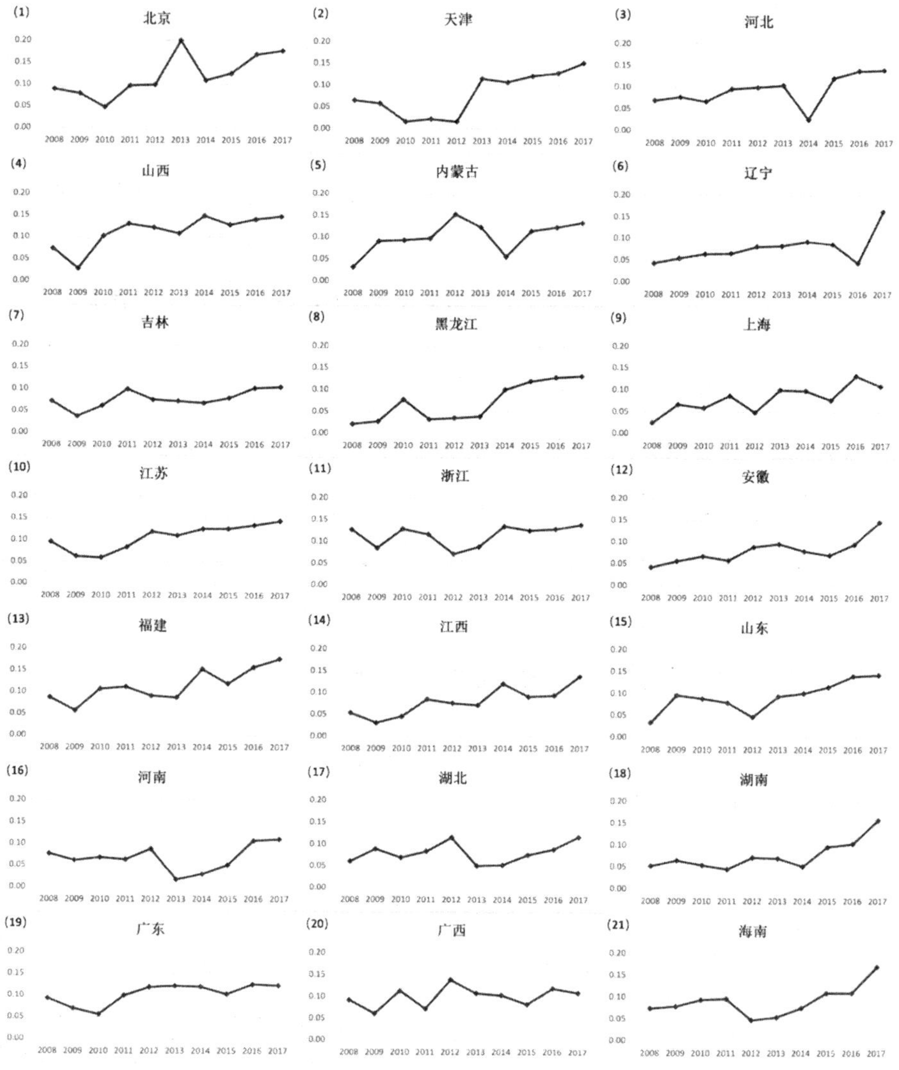

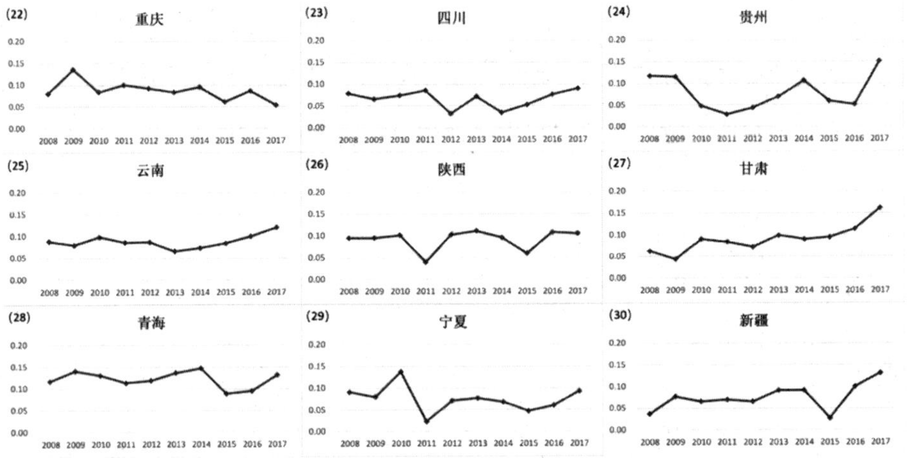

图 4-6 2008—2017 年各省政府常务会议对生态环境议题的相对关注度

（2）省政府常务会议政策注意力的议题多样性

为了进一步考察 2008—2017 年各省政府常务会议政策注意力的多样性，本研究基于编码数据计算了 10 年间各省政策议程占比年度变化的香农 H 值，图 4-7 显示的是各省政府政策注意力香农 H 值的平均值，30 个省均值是 2.65，其中，北京、天津、吉林、浙江、安徽、江西、山东、湖南、广东、广西、重庆、四川、贵州、云南、陕西、甘肃、青海这 17 个省区的香农 H 值大于 2.65，说明这十年间这些省份所关注的政策议题相对更加多样。从时间变化看（如图 4-8），2008—2017 年全国省级政府常务会议的香农 H 值呈现明显的上升趋势，说明 10 年间省级政府的政策关注变得更为多样，这一方面表明省政府常务会议的议程容量在不断扩大，政府需要在这一决策平台关注和解决更多类别的政策问题，另一方面可能意味着某些政策议题间争夺注意力资源的现象会越发明显。议题多样性的变化反映出转型期地方政府所面临的政策挑战相对增多，地方政府需要同时对不同的公共政策问题做出回应。

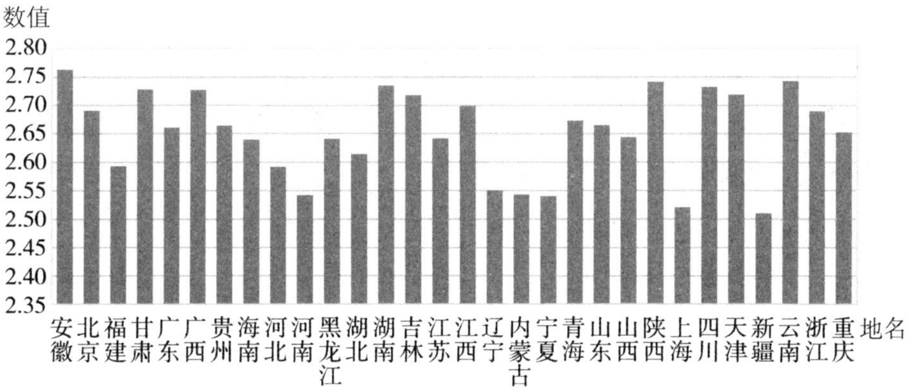

图 4-7 30 个省政府常务会议的议程多样性

图 4-8 2008—2017 年省级政府常务会议议程多样性变化

7. 本章小结

本章利用主题建模和内容编码的方法对全国 30 个省区市在 2008—2017 年的 6679 份省政府常务会议文本数据进行了内容分析，在得到省级政府日常政策议程的宏观结构的同时也测量了各省政府 10 年间对不同政策议题的相对关注度，并对省级政府日常政策注意力的变化进行了描述性分析。

研究发现，将主题模型和经典的“七阶段质性文本分析法”相结合可以有效识别省政府常务会议新闻通稿文本中的政策议题，而且基于此建立的编码类目系统也可以为其他政策类文本的内容分析提供参考。此外，关于省政府常务会议政策注意力的“纵向+多议题”分析发现，省级政府政策关注在与中央政府议题结构保持基本一致的同时也能体现出明显的地方特色。特别是党的十八大以来，省级政府对生态环境保护、行政与法治等议题的关注度有明显增加，政策注意力的多样性也较之前有所上升，这些都充分表明：在经济社会转型发展的新时期，省级政府所面临的治理挑战集中涌现，不同政策议题“争夺”注意力空间的现象会更加严重。

第 5 章

地市层面的议题关注：基于履新官员公开活动报道的分析（2005—2019）

第 3 章和第 4 章关于中央和省级层面政策注意力的分析为深入开展当代中国注意力配置的“纵向+多议题”分析奠定了方法基础。本章将沿着我国纵向行政层级体系，将研究对象进一步拓展至地级市。不同于之前两章重点关注党政系统中的重要会议政策注意力配置，本章将聚焦地级市市委书记履新后日常公开活动中的议题关注。作为城市党政公共事务的核心决策者，市委书记在经济社会发展中扮演着举足轻重的角色。特别是当“官员更替”发生时，新任市委书记会如何配置其政策注意力？具有不同特质、行政级别和工作区域的市委书记在履新后的议题关注会有哪些差异？对此，本章将基于 2005—2019 年全国 235 个地级以上城市 612 位市委书记上任伊始公开活动报道的文本数据集，通过主题建模和文本编码法识别履新后对不同政策议题的偏好程度，进而呈现出“官员更替”发生时，新任地级市市委书记政策注意力配置的结构和动态。

1. 数据收集

在当代中国多层次治理结构中，地方党委书记是辖区公共事务的主要决策者。对于地级市市委书记来说，作为党中央和省委在地级市的主要代理人，市委书记承担着推动本地经济社会发展和党的建设的重大责任。因而市委书记的议题关注与当地重要政策资源的配置息息相关。那么该如何捕捉和测量市委书记的政策注意力呢？在现今已有的中国政策注意力研究中，不少学者希望从政府工作报告或“领导批示”中获取决策者的注意力配置。不过，这些数据在测量决策者注意力上都存在一些不足之处，例如，对于政府工作报告来说，很难判断其究竟体现的是地方政府官员、政府领导班子还是职能部门的注意力动向。与政府工作报告相比，领导批示确实可以用来测量官员的注意力，但是领导批示的可获得性相对较差，人们很难完整、准确地获取地级市政府官员的批示数据集。

考虑到传统数据源在测量地方官员政策注意力上的不足，我们尝试建立一个新的数据集来更好地捕捉地级市市委书记政策注意力的日常动态，具体来看，本研究通过公开渠道获取了2005—2019年全国235个地级以上的城市党委机关报对83位省会及副省级城市市委书记、529位地级市市委书记上任半年内每日公开活动的新闻通稿，共61206份文本。之所以选择对市委书记“上任伊始”这一时间段的公开活动进行分析，是因为履新官员的政策注意力配置往往显得更加重要，因为在“官员更替”这一窗口期，新任书记需要在上任后尽快确定其施政思路，这会对当地今后一段时间的经济社会发展产生重要影响。此外，与中国政策注意力研究的其他数据相比，这一数据集本身还有以下三个特点：

第一，该数据尽可能地捕捉到了每位市委书记上任伊始参加的各种类型的公开活动，包括主持或参加的重要会议、到企事业单位等进行视察或现场调研、对相关工作做出批示指示等，因而可以更客观地呈现出地方官员注意力配置的全貌；第二，该数据集是市委书记每日公开活动的文字记录，这有助于细粒度地呈现市委书记履新后注意力配置的日常动态；第三，目前利用新闻通稿探究中国政府或决策者注意力配置的研究多集中在中央层面，而该数据集则尝试捕捉地级市党委“一把手”的注意力配置情况，无论从研究对象、样本量还是从涵盖的时间范围上看，该数据集均具有较好的代表性。

2. 建模与调试

由于地级市市委书记履新后的公开活动包括会议、调研、会见、批示等多种类型，因而这些活动背后的议题结构可能与中央或省级层面的日常会议有所不同。由于无法事前获知履新官员政策注意力的议题组成，本研究按照第 4 章的方法，首先利用 NMF 主题模型输出市委书记上任伊始公开活动背后的议题结构。

有关主题建模参数选择和模型调试的具体细节可参考第 3 章，此处不再赘述，直接汇报主题建模的结果。如表 5-1 所示，基于市委书记履新后公开活动报道语料库输出的共有 25 个政策主题，本研究进一步根据每个主题下的关键词确定了主题标签，这些主题涵盖了市委书记上任后所关注政策议题的类别，反映了他们注意力空间的基本结构。与第 4 章省政府常务会议议题结构不同的是，市委书记关注了大量与党的领导和党的建设相关的议题，包括政治学习、纪检、组织、宣传、统战、政法等方面。

表 5-1　基于 NMF 主题模型的政策议题划分及其关键词输出

主题	关键词
政治	政治；从严治党；党中央；习近平；党内
宏观经济	经济；发展；开放；经济社会发展；产业
企业	企业；投资；项目；产业；企业家
农业农村	农村；农业；农民；“三农”；乡村振兴
体制改革	改革；深化改革；体制改革；试点；中央

续表

主题	关键词
政治学习	学习；习近平；思想；贯彻；习近平新时代中国特色社会主义
脱贫	脱贫；扶贫；攻坚战；扶贫开发；帮扶
纪律检查	纪律；巡视；整改；政治；从严治党
基层慰问	群众；慰问；看望；生活；社区
抗灾减灾	抗震救灾；灾区；地震；重建；救灾
组织党建	党建；基层；党组织；党的建设；国有企业
生态环境	生态；保护；生态文明；环境保护；绿色
宣传	新闻；媒体；舆论；宣传；报道
科技创新	创新；科技；人才；企业；创新驱动
人大	人大；人大常委会；主席团；立法；决议
政协	政协；中共；民主党派；协商；民主
军队	部队；军民；官兵；军队；双拥
城市管理	城市；规划；新区；管理；功能
统战	统战工作；统一战线；宗教；民主党派；民族
对外开放	交流；经贸；两地；国际；一带一路
政法	司法；政法；法治；稳定；维护
安全生产	生产；批示；企业；检查；生命财产
文化旅游	文化；民族；旅游；传统；历史
教育	教育；教师；高校；学生；学校
对口支援	代表团；对口；考察；支援；党政

3. 履新官员议题关注度的测量

与第4章的处理方式类似，为了进一步测度市委书记履新后对不同政策议题的关注情况，本研究在主题模型的基础上进一步引入了内容分析方法对文本数据进行政策主题的编码，以便计算出每个样本对不同政策议题的相对关注度。为保证编码质量，本研究同样对编码过程进行了质量控制，建立了编码小组，并遵循了“七阶段质性文本评估方法”。

在七个编码阶段中，第二至四阶段属于预编码阶段，即建立一个完整的代码系统的阶段。具体来看，我们首先随机抽取了样本数据的10%左右进行预编码（N=6000），预编码要在主题模型输出结果的基础上形塑出更为完整的代码系统，并分析代码之间的关系，从而完成代码的增删、合并同类项以及分层工作，使代码系统能够准确指导对文本的编码、归类，尽可能地降低编码误差。主题模型的输出相当于一级代码，它从宏观上提供了政策主题的大致类别，因而我们需要利用预编码阶段的文本素材进一步细化二级代码和更具体的描述性代码，并根据需要对部分一级代码进行适当的合并。本研究在预编码后形成了一个相对完整的编码类目系统（详见附录3），该编码系统共包括11个一级主题、52个二级主题。随后，本研究利用预编码阶段形成的代码系统完成了对其余所有文本的编码，即以文本为基本单位，识别官员上任后每一次公开活动的政策主题，并按时间顺序对编码节点进行计数统计。

最后，本研究在文本编码的基础上利用如下公式测算了每位官员在上任伊始对各类政策议题的相对关注水平：样本期内市委书记A对某项政策议题的相对注意力水平=市委书记A在样本期内对该议题的关注次数（对应该议题的一级代码节点数）/市委书记A在样本期内对所有政策议题的关注次数（所有一级代码节点总数）。

4. 履新官员政策注意力的结构与历时性特征

（1）履新官员政策注意力的议题结构

总体上，市委书记履新后的政策注意力主要聚焦于十个宏观政策领域（不含其他类），包括政治与党务、经济发展、人大政府政协工作、农业与扶贫、应急管理、生态环境、民生、科技、文体旅游以及国防和军队建设。

图 5-1 显示了市委书记履新后对不同主题相对关注度的样本均值，它呈现出了各政策议题在市委书记注意力空间中的相对重要性。其中，样本对经济发展类议题的相对关注水平达到了 33.94%，远高于其他议题，这表明经济发展仍是大部分市委书记上任后的核心政策关切，改革开放以来，以经济建设为中心的发展思路深深影响了地方决策者的注意力偏好。值得注意的是，政治与党务类议题也占据了样本注意力空间的约 1/4，仅次于经济类议题，这显然与市委书记职责的“双重性”有关，即作为各地市党委的“一把手”，市委书记不仅是地区经济社会发展等公共事务的主要决策者，而且也是党中央在地方的主要代理人，承担着对当地纪检、组织、宣传、政法、统战、群团等工作的领导责任。因此，政治与党务工作同经济工作一样，成为市委书记注意力结构中的核心议题，并且这两类议题占据了他们一半以上的注意力空间。这种政策注意力配置模式与西方传统的“政治—行政二分法”明显不同，体现了当代中国将经济社会发展等工作统一于党的领导之下的体制特征以及集中力量办大事的制度优势。

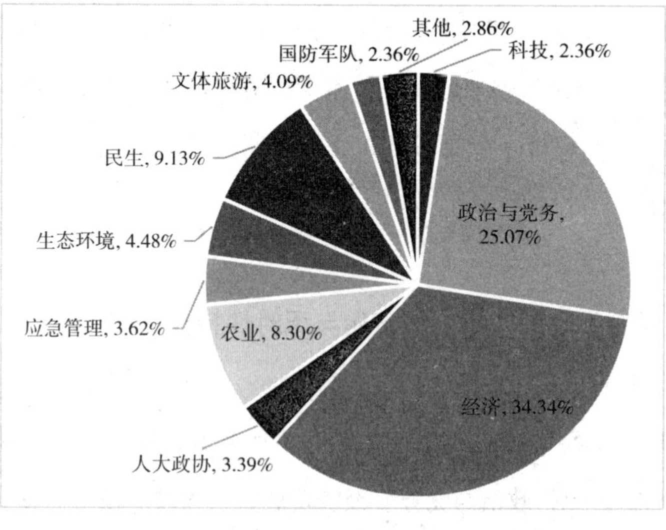

图 5-1　新任市委书记政策注意力空间的议题分布

（2）履新官员对不同政策议题关注度的历时性变化

"经济发展"与"政治与党务"是市委书记上任伊始政策注意力结构中的两项核心议题，这两项议题占据了注意力空间的六成以上。但是需要注意的是，市委书记对这两项议题的关注程度并不是一成不变的。从时间维度看，尽管市委书记履新后对这两项议题的关注程度一直维持在较高水平，但这一趋势在样本期内也经历了明显的变化和起伏，图 5-2 就显示了 2005—2019 年地方党委书记上任后对这两项议题的相对关注度的历时性变化。

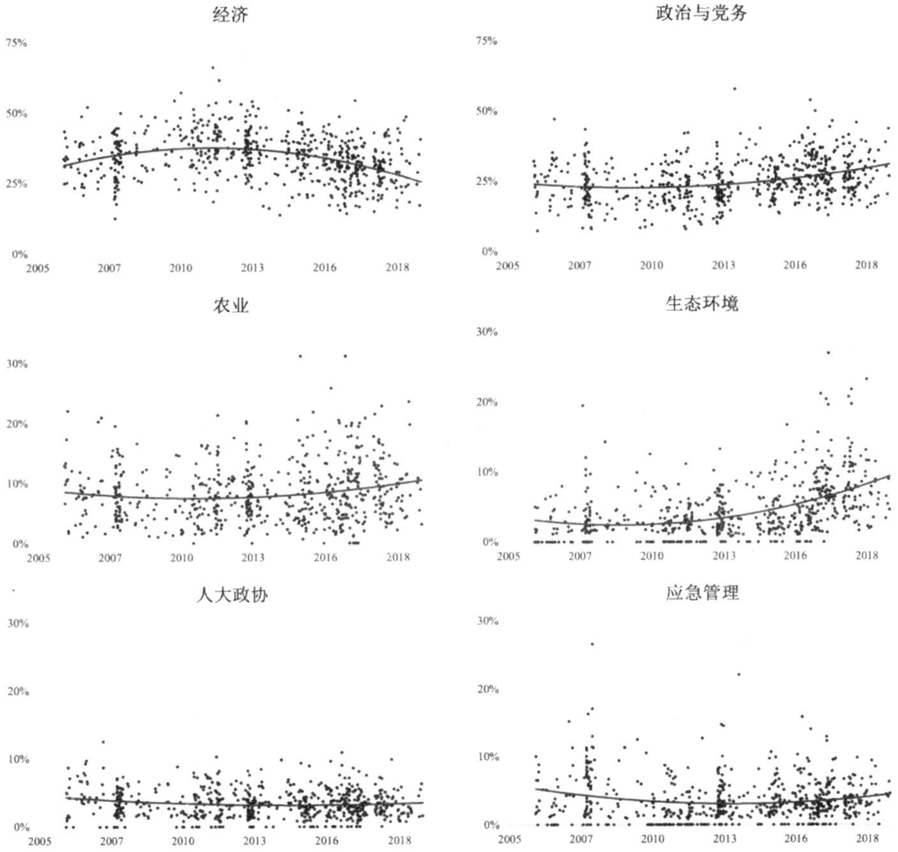

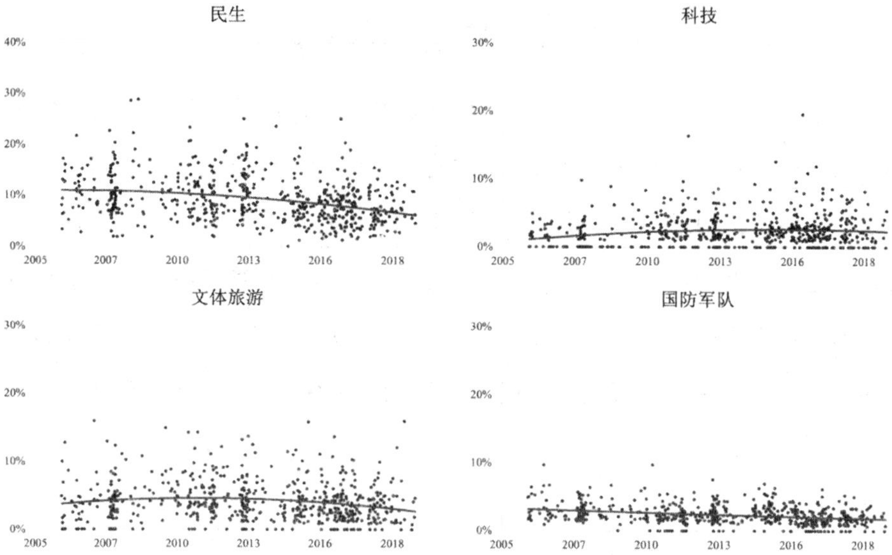

图 5-2　新任市委书记对不同政策议题相对关注水平的时间变化（2005—2019）

（注：图中黑色实线为线性趋势拟合）

如图 5-2 所示，2005—2019 年履新主官对经济发展的关注水平呈“倒 U 形”变化趋势，这一趋势的关键节点出现在 2012 年左右，市委书记对政治与党务工作的注意力则与经济类议题不同，整体上呈现较为稳定的上升趋势，并且这一趋势在 2013 年后变得更加明显。这表明，党的十八大前后，地级市市委书记的议题偏好出现了结构性调整，其中，对政治与党务工作注意力的增加与党的十八大以来党中央加强党的领导和党的建设，特别是推进全面从严治党等工作密不可分。不过，市委书记上任后对经济类议题的关注度下降则不能简单地理解为党的十八大后地方官员不再重视经济，而更应当视为我国经济由高速增长转入高质量发展阶段后，地方官员的注意力配置进行的动态调整，这是因为，一方面，尽管市委书记履新后对经济发展的相对关注度较之前有所降低，但经济工作在官员注意力空间中的核心地位并没有发生本质改变；另一方面，随着我国改革开放的不断深入，诸如产业升级、环境污染、区域发展不平衡等影响高质量发展的深层次问题开始显现。因此，地方领导干部需要转变过去以GDP为核心的政绩观，树立新发展理念，在推动经济增长的同时也要及时回应和解决好其他转型期的治理挑战。如图5-2所示，党的十八大以来，市委书记上任后对生态环境、农业与扶贫等议题的关注度也较之前有了明显提升，这都体现出中国特色社会主义进入新时代后，地方领导干部注意力偏好发生的结构性调整。

5. 履新官员政策注意力的议题多样性

为了进一步揭示市委书记上任后注意力空间中的议题关系的动态变化，本研究还引入了香农H值这一用于测量政策注意力分散和集中程度的指标。通过计算每位市委书记政策注意力的香农H值后绘制了该指数在2005—2019年的变化趋势，如图5-3所示，2005年以来市委书记履新后政策注意力的议题多样性经历了由低到高的变化过程。其中，从2005年到2012年党的十八大召开前，市委书记政策注意力的香农H值呈现明显的下降趋势，表明官员上任后越来越倾向于将注意力聚焦在一个或某几个重要政策议题上，而在2012年以后，香农H值又开始缓慢上升，表明与之前相比，市委书记开始将注意力更为均匀地分配在不同政策议题上。

在政策注意力研究中，注意力多样性反映出了决策者在不同议题上分配注意力资源的均衡度。因此，当决策者对某项或某几项政策议题的关注度明显增加（或减少）时，注意力多样性必然就会发生改变。“政治”和“经济”是地级市市委书记上任后议程空间中的核心议题，在通常情况下，这两项议题占据官员注意力空间的一半还多，其他如农业、环境、科技、民生、应急管理等传统公共政策议题则属于“非核心议题”。因此，如果市委书记上任后把更多的注意力资源配置在政治和经济议题上，他们对其他非核心政策议题的相对关注度必然会出现下降，这就会引起注意力多样性（香农H

值）的降低。相反，如果市委书记上任后将注意力更多地分散在一些非核心议题上，同样也会“挤占”对经济和政治类议题的注意力资源，但整体的注意力多样性就会增加。因此，上述政策注意力多样性的变化趋势能反映出党的十八大以来地方官员注意力配置的一个重要变化，即经济议题对其他非核心政策议题的“挤出效应”较之前有所减弱，市委书记开始将一些原本集中在经济议题的注意力资源配置到了政治、环境、农业、民生等政策领域，进而影响了注意力空间的整体均衡度。

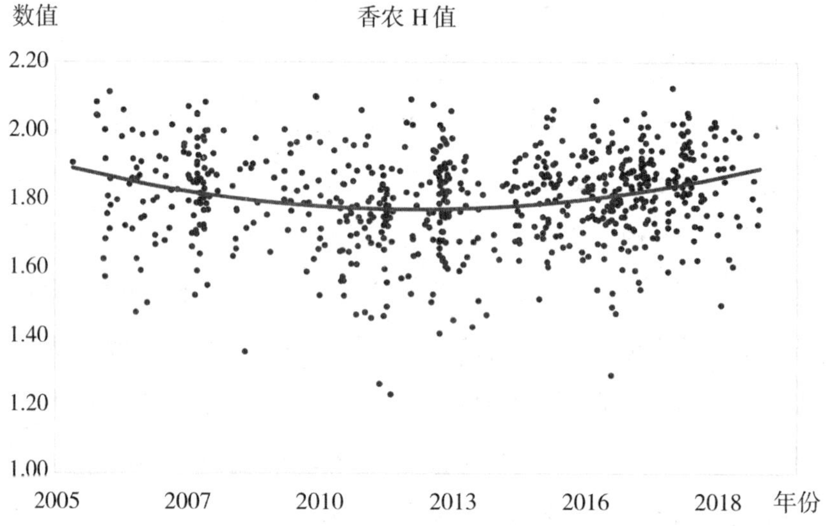

图 5-3　新任市委书记注意力多样性的历时变化（2005—2019）

（注：图中黑色实线为线性趋势拟合）

6. 履新官员政策注意力的异质性

在呈现了市委书记对不同议题的相对关注度和注意力多样性的特征后，本节将对新任市委书记议题偏好在任职年龄、教育程度、行政级别和工作区域上的异质性做了进一步的分析。

首先，从市委书记的任职年龄上看，如图 5-4 所示，与年轻官员相比，上任时年龄较大的市委书记对经济议题的关注度相对更低，而对政治和政党事务的关注度更高。在 60 岁以下的新任市委书记中，经济议题一直是他们最关注的问题，但随着年龄段的增加，经济议题关注度与党政议题关注度之间的差距逐渐缩小。而在 61 岁及以上年龄段的新任市委书记中，政治与党务议题已经超越经济议题，成为这些干部履新后最关注的议题，这在一定程度上反映了官员年龄对行为偏好的激励作用，也就是说，更年轻的官员相对拥有更大的晋升空间，因而当被任命为地方党委“一把手”时，他们推动地方经济发展的动机更为强烈，因为相比于其他的政策议题，经济发展的成果能够在短期内见效，这有助于显示其工作能力和工作业绩，提高晋升机会。但是，随着官员任职年龄的增加，晋升空间日益收窄，这一激励效应也会减弱。

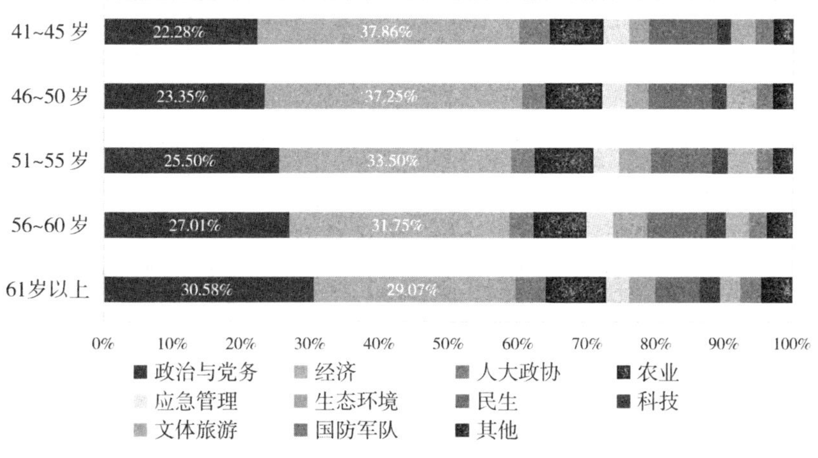

图 5-4　不同年龄段市委书记上任伊始的政策注意力配置

其次，从市委书记的教育程度上看，如图 5-5 所示，不同学历水平的市委书记在履新后政策注意力的差异并不明显，不过，拥有博士研究生学历的市委书记，其上任后对经济议题的关注度比拥有硕士和本科学历的官员分别高出 3 个百分点和 1 个百分点。这可能与“高学历”在改革开放后中国地方官员晋升中的独特性有关，也就是说，学历更高的地方官员在晋升锦标赛中的比较优势也会更明显，更有可能被列为优先提拔使用的对象（Zhou，1995）。因而拥有更高学历的干部在被任命为地方党委主要负责人后可能会拥有更强的政绩动机，进而对经济议题投入更多的关注。

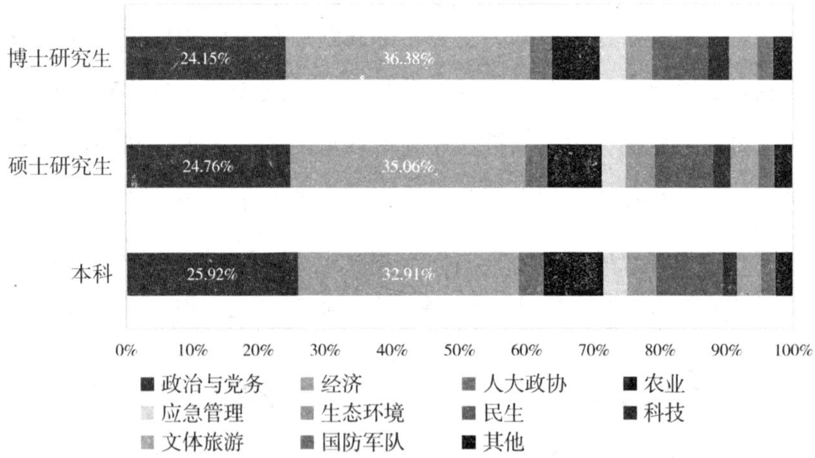

图 5-5　不同学历水平市委书记上任伊始的政策注意力配置

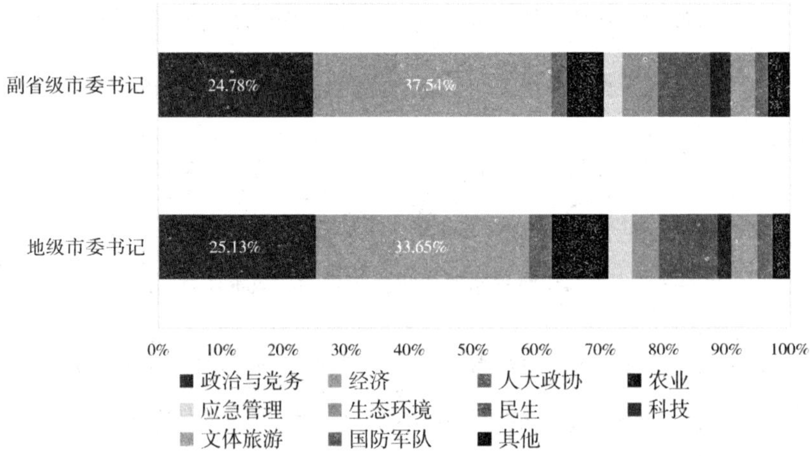

图 5-6　不同行政级别市委书记上任伊始的政策注意力配置

再次，从市委书记的行政级别上看，如图 5-6 所示，省会城市书记对经济议题的相对关注度（37.54%）比一般地级市的市委书记（33.65%）要高，这说明作为本省乃至区域经济板块中的核心城市，经济事务对于省会城市“一把手”来说具有更高的议题优先级。此外，在地级市市委书记的议题空间中，政治和经济事务对其他“小众”议题的挤出效应也更小，反映出随着行政级别的降低，市委书记政策注意力的议题多样性可能会有所上升，因为很多与民生、农业、应急管理等相关的具体事务都需要市级政府来直接回应。

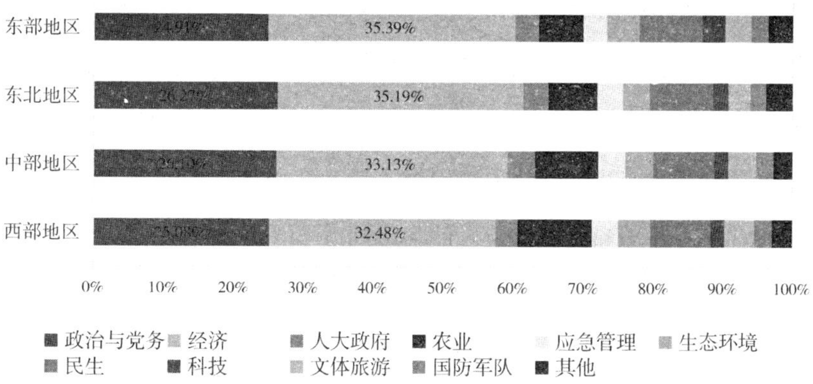

图 5-7　不同地区市委书记上任伊始的政策注意力配置

最后，从市委书记的工作区域来看，如图 5-7 所示，履新主官的注意力配置也会因其主政地的宏观环境而异，东部地区的市委书记对经济议题的关注度略高于中西部地区，而对于西部地区来说，尽管发展经济的诉求更加强烈，但由于这一地区多为少数民族自治区和欠发达的省份，脱贫攻坚和民生改善等公共事务“挤占”了决策者更多的注意力资源，因而议题间的“竞争”也更为激烈。

7. 本章小结

在对612位地级市市委书记上任初期公开活动的新闻报道进行系统编码后，本章识别了2005—2019年地级市履新官员政策注意力的议题结构，并在此基础上展开了对政策注意力的“纵向+多议题”分析。

基于大样本呈现了地方官员政策注意力配置的日常动态及其演变规律。描述性分析表明：首先，从单一政策议题关注度的时间变化上看，履新官员的议题关注总体上呈现较强的惯性和路径依赖。在本研究的样本期内，除了经济、政治、生态环境、农业扶贫以及科技创新等几项议题的关注度出现了一定的起伏波动外，地方官员对其他议题的注意力均保持相对稳定。此外，决策者议题偏好的变化也并非一蹴而就，而是会经历一个“渐变期”。例如，尽管地方官员对政治和环境类议题的关注在党的十八大后出现了非常明显的增加，但对这两项议题关注度的上升趋势却是始于2009年。

其次，从不同官员注意力空间的议题占比上看，决策者议题偏好变化引发的注意力空间的结构性调整正在变得越来越复杂。由于注意力空间的有限性和决策者的有限理性，注意力配置本质上是一场“零和博弈”，当更多的议题进入决策者的视野时，必然会打破决策者原有注意力空间的格局，再加之地方官员拥有差异化的个人特征、议题偏好和工作环境，这些因素共同作用带来的级联效应可能会对决策者的注意力配置产生深刻影响。特别是在当前贯彻新发展理念、构建新发展格局的时代大势下，地方官员所面对的公共问题更趋复杂多样，不同议题围绕有限注意力资源的竞争将变得更加激烈。

最后，从议题属性上看，地方官员针对不同议题的政策关注正从“一维”转向“多维”，“议题捆绑”越来越成为决策者注意力配置的常态。本研究发现，随着我国经济社会向高质量发展的全面转型，地方官员的注意力配置更加强调不同属性议题间的捆绑和融合，例如，在关注本地工业经济的同时强调节能减排和绿色发展，从而实现经济和环境议题的捆绑；在制定本地区乡村振兴战略的同时突出科技富农、科技兴农的相关内容，进而实现农业和科技创新议题的融合。因此，不同议题的交叉捆绑已成为新时期地方官员注意力配置的重要特征。

第 6 章

政策议题偏好影响因素初探：基于履新官员议题关注度的实证分析

第 5 章通过对市委书记上任初期日常公开活动中政策注意力的观察，揭示了履新官员的注意力偏好和议题多样性。此外，描述性分析还表明，不同年龄、级别、区域的市委书记在履新后的议题关注表现出了一定的异质性。那么，一个需要更进一步回答的问题便是：在当代中国，到底哪些因素影响了地方官员的政策注意力配置？在传统的比较政策议程文献中，“议题所有权（issue ownership）”常常被用来解释西方国家政治领导人的注意力偏好，该理论认为官僚们更倾向于关注那些他们擅长的问题，因为在分配和竞争内阁席位时，那些在相关领域拥有专长的人更有优势（Beckman，2006）。此外，外部的非结构因素，如公众舆论和媒体报道等，也会对决策者的注意力偏好产生一定程度的影响。不过，对于中国来说，西方传统的选举政治和政党竞争框架很难用来分析决策者的注意力配置，因而亟待从当代中国国情和政治实践出发，寻找更为合理的框架解释。

本章将聚焦“干部体制”这一当代中国政府组织最显著的激励特征，通过将地级市市委书记个人履历特征与其履新后对不同政策议题关注度数据相匹配，进一步检验改革开放后，我国干部体制一系列改革对履新主官议题偏好的影响，以期为理解中国情境下的政策注意力配置的结构性成因提供更多的经验证据。

1. 组织管理与履新官员的议题偏好

党的十一届三中全会的召开标志着全党工作重心的转移，发展经济和社会主义现代化建设成为各级政府工作的重中之重，对于地方官员来说，经济增长甚至被认为是评价地方官员工作实绩最重要的指标，一些文献将这种现象称为地方官员中的“晋升锦标赛”（周黎安，2007）。按照这一理论假说的逻辑，改革开放后，由于地区经济增长成为影响官员晋升的重要指标，地方官员为了最大限度地提高晋升机会，将发展经济作为他们的优先事项，而这一倾向在那些刚刚上任的官员中会表现得更加明显。例如，有研究发现，新上任的地方政府主官有更强的动力来发展地区经济，他们会通过从企业中汲取资源来为自己获得政治晋升上的加分（Xu等，2016）。Liu（刘）（2015）等人也发现，企业的逃税水平在地方主官上任伊始往往会下降，而随着官员任期的持续，这种影响会逐渐减弱，作者将企业的周期性避税行为归结为地方官员在干部考核压力下税务执法力度的变化，即官员在履新后为了尽快展现自己推动当地经济和财政收入增长的能力，向企业征税的动力更强。此外，周雪光（2005）明确指出，履新后的地方官员有向上级积极展现自身工作能力的需求，因为如果官员上任后能尽快融入当地工作环境，可以给上级领导留下工作效率高、“选对人”的好印象，更重要的是，由于地方干部的实际任期并不等于其法定任期，特别是考虑到推行新政策显现出效果的时间不要超过其任期，官员履新后会倾向于关注那些可以短期见效的政策领域，因此，相较于其他工作，拉项目、促投资、抓经济就成了新任官员最重要的工作。

尽管从理论逻辑上看，改革开放以来地方官员，特别是那些刚刚上任的党政主官有动力将注意力集中在发展辖区经济上，但与此同时，针对地方党政领导干部的组织管理也在这四十年间得到了不断的改革和完善。通过自上而下的干部管理，中国共产党将干部的“选育管用”与各地经济社会发展实际紧密结合，实现了经济发展与社会大局稳定的双赢。因此，干部管理体制改革成为影响地方官员行为偏好的最重要结构性因素，这与西方国家官僚在政党竞争和政治选举双重压力下被迫采取策略性的行为选择有本质不同。从这个角度看，有必要进一步讨论干部管理体制改革到底如何影响了地方官员的政策注意力，特别是他们对于经济议题的偏好。

改革开放后，我国针对地方组织管理和干部队伍建设进行了多项的重要改革。例如，为了推进干部队伍的年轻化，加快改革开放进程，我国从20世纪80年代开始，对地方党政主官（包括县级以上地方党委、政府领导成员，纪委、人民法院、人民检察院的正职领导成员）的任职年龄做出新规定①，也就是说，尽管地方党政领导干部的每个法定任期为5年，但在具体实践中相应级别干部还是存在着较为明确的“任职年龄上限”。一般情况下，省委书记和省长的任职年龄上限为65岁，地级市市委书记和市长的任职年龄上限则为60岁。因此，“年龄”成为改革开放后影响地方官员行为的一个重要变量（Zheng，2005），因为它直接关系到地方官员的晋升前景。如果具体到“官员更替”的场景中，新任命的领导干部必然会根据自己的年龄对其未来的晋升前景形成预期，也就是说，如果在更年轻时就履新为地方党政主官，由于其未来的晋升空间相对较大，因而在晋升激励作用下发展辖区经济的动机也会更明显。此外，即便从长远的职业发展来看，年轻干部在履新后也会更有动力去抓经济，一方面，积极的经济数据有利于尽快获得上级部门的赏

① 可参考中共中央于1982年2月20日做出的《中共中央关于建立老干部退休制度的决定》的相关内容。

识和认可，从而有助于更快地实现下一步的晋升或调动，为未来职业生涯积累更大的“年龄优势（age advantage）”；另一方面，考虑到党组织对干部的长期培养，如果一个干部在更年轻时就被委任为地方党委政府的“一把手”，这本身可能隐含着上级组织将进一步重用该干部的信号（Yang、Yuan，2020），因此，这些干部在上任后也拥有加快发展地区经济、展现自身工作能力的“强激励”。总体上看，本研究认为，受改革开放以来地方领导干部任职年龄改革的影响，地方党政主官履新时年龄距离任职年龄上限越远，其上任后对经济议题的相对关注度就越高。

除干部“四化”改革外，“干部交流”是我国干部体制改革的另一项重要制度性成果。早在1990年，党中央就将省部级领导干部的交流制度化，规定党中央和国家机关各部委、各省、自治区、直辖市的省部级领导干部，可以在中央与地方之间进行交流，也可以在不同地区之间进行交流，还可以在中央各部门之间进行交流①。进入21世纪后，干部交流的范围进一步拓展至厅局级干部。例如，在任命某个地级市的市委书记时，新任书记可能是直接由本市市长升任，也可能是从其他城市或中央部委调任。有研究认为干部的异地交流制度是中国共产党组织管理的一个重要“隐形机制”，即通过对干部进行跨区域、跨部门的调派任职，可以防止官员因为在一地任职时间过长形成地方利益，打破地方利益集团，并起到预防官员腐败的重要作用（Edin，2003）。同时，与前任官员相比，从异地调任的新官也倾向于向中央传递新的信息，从而有利于解决央地间的信息不完全问题（Huang，1996）。如果从政策注意力的视角看，干部交流的作用绝不仅限于加强对地方代理人的监督控制，它还会影响地方官员的行为偏好，也就是说，相较于从本地直

① 可参考中共中央于1990年7月7日做出的《关于实行党和国家机关领导干部交流制度的决定》的相关内容。

接升任的市委书记，那些从异地交流过来的干部就有更大的动力在新的岗位上抓好经济，从而尽快地形成自己的工作业绩，这主要是因为：一方面，干部交流本身是党锻炼、识别领导干部的重要方式，因此，被交流的干部需要在新的岗位上尽可能展现出自己的能力；另一方面，干部交流在政策实践中常常被用于推广复制某些成功治理经验（Chien，2008），特别是对于从中央部委或发达地区交流到相对落后地区任职的官员来说，他们往往承担着带动当地经济发展的重要使命，因而也更倾向在上任后就将注意力投向经济领域。

上述理论分析表明，不论是干部队伍“年轻化”改革还是异地交流制度都可能对地方主官履新后的注意力偏好产生影响。对此，本章的余下部分将以 612 位地级市委书记为研究对象，通过将市委书记个人履历特征与其履新后的议题关注数据相匹配，实证检验干部管理体制改革对履新主官议题偏好的异质性影响。

2. 变量与数据

本章的主要目的在于检验改革开放后干部体制改革对地方主官履新后议题关注的影响。因此，本研究的被解释变量为市委书记履新后对不同政策议题的相对关注度。我们使用第 5 章中基于文本编码数据测算得到的 612 位地级市市委书记上任半年内对各类政策议题的相对偏好程度来表示，并将变量命名为“*Attention*”，其中，本研究将重点关注履新官员对经济（*Attention to economic issues*）和政治（*Attention to political issues*）这两类核心议题的关注度。

关于解释变量，根据上一节的讨论，本章重点关注改革开放后干部年轻化和异地交流这两项制度化改革对被解释变量的影响。因此，一方面，我们使用“每位市委书记上任时年龄与其任职年龄上限的差值”来衡量任职年龄的激励效应，并将变量命名为“*Time_ retirement*”。一般情况下，地级市市委书记的最大任职年龄为60岁，上任时距离这一年龄界限越近，未来的晋升空间就相对越小；另一方面，对于履新主官是否为异地交流干部，我们统计了样本中每位市委书记上任时的来源方式，并设置了虚拟变量“*Rotation*”，如果新任市委书记是从其他城市、省直部门或中央部委调任而来的，则将变量“*Rotation*”记为1，如果新任市委书记是由本市市长或市委副书记直接升任的，则将变量“*Rotation*”记为0。

除了核心解释变量外，本研究还在模型中引入了如下变量以控制市委书记其他个体特质、任职地经济发展水平、宏观政治周期等因素对其履新后注意力偏好的影响：

（1）市委书记的专业背景。有研究认为，改革开放后大批具有理工科背景的“技术官僚”得到重用并走上了各级领导岗位，主要是因为他们拥有相关领域的专业知识，并且作风务实，有助于推进改革开放（Zang，2006）。因此，在本研究中我们设置了虚拟变量官员专业背景（*Undergraduate Major*），当新任市委书记在本科阶段的专业为理工科时，“*Undergraduate major*”记为1，人文或社会科学专业，则记为0。

（2）市委书记的学历水平。随着改革开放后干部“四化”政策的提出，受教育程度往往被认为是影响地方官员行为的一个重要因素（Zhou，2001），考虑到本科学历已成为厅局级干部晋升的基本门槛，研究生学历往往又可以通过党校学习等途径获得。因此，在本研究中，我们希望考察市委书记是否拥有博士研究生学历对其上任后注意力偏好的影响，并设置相应虚拟变量“*Doctoral Degree*”。

（3）城市行政级别。在本研究中，有一些城市市委书记的行政级别为副省部级，这些城市主要是省会城市和计划单列市，与一般的地级市不同，这些城市的市委书记在上任之前多已是副省部级，因此，为了控制城市行政级别的影响，我们设置了新任市委书记所在城市的行政级别虚拟变量，并命名为“*City Level*”。

（4）前任任期内的地区经济发展水平。据现今已有的研究发现，在改革开放后当市县政府主要官员发生更替时，前任官员任期内的地区经济绩效会影响其继任者的晋升机会（Chen et al.，2005）。因此，有必要控制前任任期内经济绩效对继任者注意力偏好的影响。对此，我们要遵循现今已有研究的做法（Li 等，2016），计算了每位市委书记前任任期内的地区平均 GDP 增长率（*GDP_ predecessor*），以控制前任经济绩效对新任主官政策注意力的影响。

（5）宏观政治周期。尽管不固定的实际任期让中国地方党政主官的更替呈现较高的不确定性，但官员更替与宏观政治周期仍存在着一定的联系，特别是当党代会召开之际，地方政府的人事调动会出现一个高峰。为此，我们设置了三个虚拟变量（*Year_ election*）来控制样本期内三次党的全国代表大会召开（2007 年、2012 年、2017 年）的政治周期效应。

对于上述变量中涉及的市委书记的个人履历信息都是从人民日报地方官员数据库、地方政府官方网站以及百度百科中获取的，而城市 GDP 数据则从《中国城市统计年鉴》中获得。表 6-1 汇报了所有变量的描述性统计结果。

表 6-1　所有变量的描述性统计结果

变量	平均值	标准差	最小值	最大值
Attention to economic issues	0.343	0.084	0.127	0.662
Time_ retirement（*log*）	2.063	0.415	0.693	2.996
Rotation	0.616	0.487	0	1
GDP_ predecessor	10.91	3.773	-14.20	26.20

续表

变量	平均值	标准差	最小值	最大值
Doctoral degree	0.273	0.446	0	1
Undergraduate major	0.394	0.489	0	1
City level	0.178	0.383	0	1
Year_ 2007	0.025	0.155	0	1
Year_ 2012	0.054	0.226	0	1
Year_ 2017	0.105	0.306	0	1

3. 模型设定

根据本章的研究问题，我们设定了如式6-1的回归模型：

$$Y_{it} = \beta_0 + \beta_1 Time\_\ retirement_i + \beta_2 Rotation_i + \gamma_i Control_i + \lambda_i + \varepsilon_{it}$$

（式6-1）

在模型中，因变量“Y_{it}”衡量了市委书记上任伊始对经济、政治等不同议题的相对关注度，β_1 和 β_2 分别估计了两个核心自变量对被解释变量的影响，$Control_i$ 表示其他控制变量，λ_i 表示省份固定效应。需要注意的是，本研究重点控制了市委书记任职地所属省份对模型估计可能产生的影响，但是并没有控制时间效应，这主要是因为在模型的控制变量中有许多虚拟变量是不会随时间发生变化的，如市委书记的教育背景和城市行政级别，因此，这些变量的估计不适合使用时间和地区双固定效应。

4. 结果与讨论

（1）被解释变量为履新主官对经济议题的关注度

这一小节将汇报模型回归结果并做讨论。表6-2报告了核心自变量对履新主官对经济议题相对关注度的影响的估计结果，其中第1-2列汇报了不包括控制变量时核心自变量对因变量的影响，第 3-4 列汇报了各自变量加入控制变量后模型的主效应，第 5 列汇报了包括所有解释变量和控制变量后的估计结果。

表 6-2 回归结果（被解释变量为履新主官对经济议题的关注度）

解释变量	(1)	(2)	(3)	(4)	(5)
Time_ retirement	0.050***		0.031***		0.033***
	(5.83)		(3.52)		(3.71)
Rotation		0.021***		0.021***	0.023***
		(3.00)		(3.24)	(3.51)
Doctoral degree			0.013*	0.019***	0.013*
			(1.78)	(2.73)	(1.84)
Undergraduate major			-0.010*	-0.010*	-0.011*
			(-1.71)	(-1.70)	(-1.84)
City level			0.038***	0.040***	0.031***
			(4.54)	(4.70)	(3.66)
GDP_ predecessor			0.003***	0.005***	0.004***
			(3.09)	(4.61)	(3.58)
Year_ 2007			-0.033**	-0.024	-0.035**
			(-2.12)	(-1.55)	(-2.18)
Year_ 2012			0.051***	0.053***	0.052***
			(3.42)	(3.52)	(3.53)
Year_ 2017			-0.029***	-0.028***	-0.028***
			(-2.70)	(-2.66)	(-2.67)
Constant	0.229***	0.322***	0.236***	0.272***	0.217***
	(9.13)	(17.13)	(8.97)	(12.42)	(8.00)
Fixed effects	Yes	Yes	Yes	Yes	Yes
Observations	612	612	612	612	612
R-squared	0.180	0.137	0.268	0.264	0.283

首先，和本章第1节的理论分析一致，无论是否加入其他控制变量，估计结果均表明：随着市委书记履新时年龄越来越接近任职年龄上限，其上任后对经济工作的相对注意力水平就会显著下降。这揭示了改革开放后，地方领导干部任职年龄改革对地级市主官议题偏好的影响，即更为年轻的干部往往具有更强的“政绩需求”，因为被任命为地级市党委的“一把手”对其职业生涯具有特殊意义，如果能在上任后尽快展现出自己推动地区经济发展的工作能力，他们在晋升序列中的比较优势将会增强，不过，这一激励效应会随着市委书记履新时的年龄增加而减弱。上述结果也与第5章对不同年龄市委书记议题偏好的描述性分析一致。

其次，回归结果同时发现，从异地调任来的市委书记履新后对经济议题的关注度相对也更高，如表6-2所示，在控制其他变量的条件下，虚拟变量“*Rotation*”会导致市委书记履新后对经济工作的相对关注度增加0.02个百分点，而且在控制其他变量后，这一关系依然显著。

在控制变量方面，对于市委书记的学历水平和教育背景，我们发现在控制了所有变量后，拥有博士研究生学历与市委书记上任后对经济议题的关注度在10%的显著性水平下呈正相关。这一结果可能与高学历更有助于改革开放后地方官员的晋升有关（Zhou，1995），拥有博士学位的市委书记履新后更有可能向上级展现自己推动地方经济发展的能力。不过，没有证据表明具有理工科专业背景的市委书记在上任后会更偏好经济议题，与此相反，在控制所有变量后，理工科专业背景甚至与被解释变量呈负相关（如表6-2所示）。实际上，许多在本科阶段拥有理工专业背景的领导干部在研究生阶段会选择人文社会科学类专业，如经济学、工商管理、政治学、公共管理、法学等。因此，很难从统计上判断官员专业背景对其政策注意力偏好的影响。

从回归结果上看，与地级市市委书记相比，副省级城市市委书记履新后会将更多注意力配置在经济议题上，这一结果显然与副省级城市在全国经济版图中的特殊地位有关，因为有研究发现，省会城市和计划单列市都是本省乃至本地区经济发展的龙头，在这些城市担任主要领导职务是培养锻炼领导能力的重要机会，因而在这一岗位的工作经历对其职业生涯的发展具有特殊意义（Yan、Yuan，2020）。因此，为了尽快进入角色并做出“实绩”，那些被调往省会或计划单列市任市委书记的干部在履新后将更多的注意力放在经济工作上也就不足为奇了。

对于前任任期内的地区平均 GDP 增长率对新任书记上任后对经济议题偏好程度的影响，如表 6-2 所示，前任经济绩效越好，新任书记履新后就更加偏好经济议题，不过需要注意的是，尽管变量“*GDP_ predecessor*”的系数在 0.01%的水平下明显，但是系数值比较小，我们认为这一结果的出现可能与近年来“GDP 增长率”在地方领导干部考核体系中的重要性变化有关。为了应对长期以来以 GDP 为核心的政绩观给经济社会健康发展带来的弊端，党中央开始在干部考核体系中淡化对 GDP 等经济指标的要求，同时强化对民生、环保等方面的考核比重，这一变化在党的十八大以后变得更加明显，高质量发展的提出，客观上要求地方领导干部摒弃传统的“唯 GDP 论”，树立创新、协调、绿色、开放和共享的新发展理念。因此，近年来发展思路的转变和干部考核指标的相应调整对市委书记履新后的注意力偏好也产生了影响。

最后，回归结果显示，党的三次全国人民代表大会召开时间对市委书记履新后经济议题关注度的影响是不确定的。如表 6-2 第 5 列所示，“*Year_* 2007”和“*Year_* 2017”的系数显著为负，而“*Year_* 2012”的系数显著为正，我们认为这可能与市委书记在这些年份履新的具体时间点的差异有关。例如，如果某市委书记是在党的全国人民代表大会召开前后（当年的第四季度）履新的，该书记可能会比在当年其他时间段履新的市委书记更加关注政治类的相关事务，比如维护社会大局稳定、宣传党代会精神等。

（2）被解释变量为履新主官对政治和其他议题的关注度

为了评估干部体制改革与履新主官对其他政策议题关注度间的关系，我们还在表 6-3 和表 6-4 中汇报了当核心被解释变量为“*Attention to political issues*”和“*Attention to other issues*”时的模型估计结果。

表 6-3　回归结果（被解释变量为“履新主官对政治议题的关注度”）

解释变量	(1)	(2)	(3)	(4)	(5)
Time_ retirement (log)	-0.023***		-0.011		-0.014*
	(-3.36)		(-1.53)		(-1.86)
Rotation		-0.024***		-0.029***	-0.030***
		(-3.80)		(-4.66)	(-4.78)
Doctoral degree			-0.007	-0.010	-0.008
			(-1.08)	(-1.61)	(-1.17)
Undergraduate major			0.012**	0.013**	0.013**
			(2.03)	(2.16)	(2.21)
City level			-0.009	-0.003	-0.000
			(-1.13)	(-0.43)	(-0.00)
GDP_ predecessor			-0.003***	-0.004***	-0.004***
			(-3.47)	(-4.58)	(-4.07)
Year_ 2007			-0.015	-0.017	-0.013
			(-0.90)	(-1.11)	(-0.82)
Year_ 2012			-0.032***	-0.033***	-0.033***
			(-2.62)	(-2.83)	(-2.79)
Year_ 2017			0.006	0.005	0.004
			(0.59)	(0.47)	(0.47)
Constant	0.316***	0.280***	0.326***	0.329***	0.352***
	(13.25)	(15.00)	(12.42)	(14.72)	(13.15)

续表

解释变量	(1)	(2)	(3)	(4)	(5)
Fixed effects	Yes	Yes	Yes	Yes	Yes
Observations	612	612	612	612	612
R-squared	0. 146	0. 153	0. 188	0. 215	0. 219

如表6-3所示，当被解释变量为“履新主官对政治类议题的相对关注度”时，对自变量的估计系数就产生了与表6-2相反的结果，也就是说，市委书记履新时距离任职年龄上限较远或是从异地调任时，其对政治议题的关注度就会相对偏低。这一结果可能由两方面的原因造成：一方面，在面对大量且多样化的政策议题时，决策者的注意力总是稀缺淡薄的，因而政策注意力的分配是一个“零和博弈”，对某类议题的关注越多，对另一类议题的关注就会越少。因此，对于大部分市委书记来说，履新后把主要精力配置在经济议题上时就无法同时将更多的注意力投向其他议题。另一方面，这一结果与改革开放后干部激励结构性特征有关，即受到干部任职年龄、异地交流等制度设计的影响，那些履新时年龄较大或直接由本地升任的市委书记的“政绩动机”相对较小，特别是对于接近任职年龄上限的干部来说，由于晋升空间收窄，即便其被任命为地级市市委书记，其议题偏好也会相对“保守”，而不是像年轻干部那样更愿意积极展现自己推动地区经济发展的能力。

表6-4　回归结果（被解释变量为“履新主官对其他议题的关注度”）

解释变量	人大、政协	农业	应急管理	生态环境	民生	科技	文体旅游	国防军队	其他
Time_ retirement	0. 004	0. 002	−0. 008 **	−0. 011 ***	−0. 005	−0. 004 *	0. 002	0. 001	−0. 000
	(1. 50)	(0. 38)	(−2. 25)	(−2. 60)	(−1. 11)	(−1. 85)	(0. 74)	(0. 95)	(−0. 06)
Rotation	−0. 003	0. 006	−0. 003	−0. 005	0. 008 **	0. 002	0. 002	0. 001	−0. 001
	(−1. 51)	(1. 45)	(−0. 97)	(−1. 58)	(2. 21)	(0. 95)	(0. 65)	(1. 24)	(−0. 81)

续表

解释变量	人大、政协	农业	应急管理	生态环境	民生	科技	文体旅游	国防军队	其他
Year_ 2007	0.002	0.011	0.020 *	-0.008	0.022 **	-0.008 *	0.011	-0.002	0.000
	(0.22)	(0.78)	(1.85)	(-0.75)	(2.00)	(-1.92)	(0.97)	(-0.63)	(0.02)
Year_ 2012	-0.002	0.007	-0.012 **	-0.008 *	0.001	0.005	0.004	-0.005 ***	-0.008 **
	(-0.65)	(0.87)	(-2.48)	(-1.83)	(0.15)	(1.02)	(0.83)	(-2.95)	(-2.34)
Year_ 2017	0.000	0.009	0.003	0.023 ***	-0.001	0.004	-0.006	-0.004 **	-0.006 **
	(0.09)	(1.34)	(0.93)	(3.38)	(-0.12)	(1.31)	(-1.39)	(-2.18)	(-2.26)
Constant	0.047 ***	0.093 ***	0.059 ***	0.079 ***	0.058 ***	0.029 ***	0.024 **	0.021 ***	0.023 ***
	(6.88)	(6.51)	(5.56)	(7.01)	(4.16)	(4.32)	(2.05)	(3.87)	(3.51)
Control variables	Yes	Yes	Yes	Yes	Yes	Yes	Yes	Yes	Yes
Fixed effects	Yes	Yes	Yes	Yes	Yes	Yes	Yes	Yes	Yes
Observations	612	612	612	612	612	612	612	612	612
R-squared	0.167	0.316	0.139	0.226	0.138	0.260	0.114	0.116	0.216

如表6-4所示，当被解释变量为“履新主官对其他议题的相对关注度”时，核心自变量与被解释变量间的关系基本上都是不显著或显著为负的。其中，“异地交流”虚拟变量“Rotation”与履新主官对民生议题相对关注度间存在5%的显著正相关，我们认为这与民生类政策议题的属性有关，因为民生问题涉及住房、健康、教育、社会保障、城市和社区管理等多个子议题，因此，从其他地区或部门调任的市委书记在任职之初就更容易关注这些具有地方特色的问题，从而可以尽快地了解地方经济社会发展的全貌。此外，上述回归结果也表明，改革开放以来干部管理体制改革对履新主官注意力偏好的影响主要体现在核心问题，尤其是经济议题上，而不是其他非核心政策议题。

5. 稳健性检验

为了验证回归结果的稳健性，本文采取如下两种方式：

（1）我们替换部分控制变量。基准模型中利用平均 GDP 增长率来测量前任市委书记的经济表现，不过，平均 GDP 增长率这一指标并不能反映前任市委书记与同时期省内其他城市主官经济绩效间的差异。因此，在稳健性检验中，我们采用前任市委书记任期内的相对平均 GDP 增长率来衡量其相对经济绩效（Chen et al.，2005）。该指标是指某书记在任期间相对于省内其他城市的 GDP 增长率，它可以更准确、更客观地反映前任市委书记的工作绩效，其计算公式如式 6-2：

$$GDP_{relative} = \frac{\sum_{i=1}^{t}(GDP_{city} - GDP_{province})}{t} \qquad (式\ 6\text{-}2)$$

其中，“*GDP_ relative*”表示前任市委书记的相对平均 GDP 增长率，t 表示任期时长，“*GDP_ city*”表示前任市委书记任期内的城市 GDP 年增长率，“*GDP_ province*”表示该城市所属省份的 GDP 年增长率。

随着中国经济社会发展的转型，地方政府围绕 GDP 增长率的标尺竞争正在变得不那么激励。因此，我们引入了两个新指标，即城镇居民人均可支配收入增长率（*PCDI_ urban*）和农村居民人均可支配收入增长率（*PCDI_ rural*），并使用前任市委书记任期内的这两项指标的平均值作为控制变量引入模型。模型替换部分控制变量后的估计结果见表 6-5 所示，两个核心自变量的系数仍然是显著为正，并且系数值大小与基准模型相似。

表 6-5　稳健性检验回归结果

解释变量	(1)	(2)	(3)	(4)	(5)	(6)
Time_ retirement (log)	0.040 ***	0.036 ***	0.037 ***	0.030 ***	0.034 ***	0.034 ***
	(4.47)	(4.17)	(4.16)	(3.03)	(3.63)	(3.22)
Rotation	0.020 ***	0.022 ***	0.020 ***	0.026 ***	0.024 ***	0.027 ***
	(3.06)	(3.29)	(2.95)	(3.55)	(3.34)	(3.50)
Doctoral degree	0.010	0.012 *	0.011	0.015 **	0.005	0.004
	(1.41)	(1.69)	(1.51)	(2.01)	(0.62)	(0.54)
Undergraduate major	-0.011 *	-0.010 *	-0.010	-0.009	-0.008	-0.005
	(-1.83)	(-1.66)	(-1.60)	(-1.40)	(-1.18)	(-0.79)
City level	0.029 ***	0.032 ***	0.032 ***	0.025 **		
	(3.36)	(3.80)	(3.84)	(2.58)		
GDP_ predecessor				0.004 ***	0.003 ***	0.003 **
				(3.36)	(2.82)	(2.48)
GDP_ relative	0.002					
	(1.27)					
PCDI_ urban		0.291 ***				
		(2.96)				
PCDI_ rural			0.263 **			
			(2.24)			
Year_ 2007	-0.033 **	-0.037 **	-0.031 **	-0.029 **	-0.042 ***	-0.037 ***
	(-2.01)	(-2.36)	(-1.97)	(-2.12)	(-2.69)	(-3.00)
Year_ 2012	0.056 ***	0.047 ***	0.045 ***	0.056 ***	0.042 ***	0.041 ***
	(3.83)	(3.08)	(2.76)	(3.42)	(2.86)	(2.64)
Year_ 2017	-0.039 ***	-0.032 ***	-0.030 ***	-0.031 ***	-0.035 ***	-0.040 ***
	(-3.98)	(-3.31)	(-2.97)	(-2.75)	(-2.97)	(-2.99)
Constant	0.244 ***	0.219 ***	0.218 ***	0.221 ***	0.231 ***	0.234 ***
	(9.12)	(8.14)	(7.77)	(7.26)	(8.34)	(7.54)
Fixed effects	Yes	Yes	Yes	Yes	Yes	Yes

续表

解释变量	(1)	(2)	(3)	(4)	(5)	(6)
Observations	612	612	612	519	503	429
R-squared	0.267	0.278	0.278	0.263	0.242	0.234

（2）本研究考察了在剔除一些特殊样本后的回归结果是否仍然稳健。首先，有研究发现，拥有共青团系统长期工作经历的地方领导干部往往比从基层提拔的干部成长更快（Kou、Tsai，2014）。因此，共青团系统干部在调任地方政府后通常具有明显的年龄优势。因此，我们在剔除了有共青团系统长期工作经历的样本（N=93）后的报告子样本的回归结果（如表6-5中第4列）。此外，我们还剔除了行政级别为副省部级的样本（N=109），因为副省部级干部是由中央组织部直接管理的，因而其选拔任命可能与一般地级市的市委书记有所差异，表6-5第5列为不含副省部级市委书记样本的估计结果，第6列则为剔除共青团和副省部级干部样本后的估计结果，核心自变量的系数和显著性均与基准模型保持一致，因而再次验证了本研究回归结果的稳健性。

6. 本章小结

本章基于2005—2019年的612位市委书记履新后对不同政策议题的关注度数据，实证检验了影响地方主官政策注意力配置的结构性因素。研究发现，市委书记在履新后分配给各类议题的注意力反映了改革开放后干部体制改革的影响，特别是任职年龄和异地交流等的作用。具体来说，履新主官年龄越小或前任的经济表现越好，上任后对经济议题的关注度就越高。此外，相比于从本市直接升任，通过干部交流机制从其他城市或部门调任的市委书记履新后对经济议题往往会表现出更大的热情。

上述研究发现有助于更好地理解当代中国政策注意力配置和地方政府治理的一般逻辑。首先，它考察了干部任命和官员议题偏好之间的联系。对于更接近任职年龄上限的地方官员来说，即便被任命为地方党委“一把手”，其取得更好经济业绩的动机也可能不像年轻官员那样强烈，相反，他们倾向于对政治工作投入更多的注意力。其次，本章的研究发现对于探讨干部交流机制对中国经济发展的影响具有启发意义。我们认为干部交流制度的有效性不仅在于推广成功的治理经验和促进政策扩散，还在于塑造地方官员政策关注度的优先级，因为从其他城市调任的官员比在本地晋升的官员更有可能优先关注经济发展。最后，这一研究也增进了关于经济绩效在中国地方官员评价中重要性的讨论。本章从政策注意力视角进行的实证分析表明，改革开放以来，由于推动地区经济增长的能力是评价使用干部的重要考量因素，大多数市委书记履新后会将主要注意力投向经济领域，并期望比其前任取得更好的经济表现，但这一趋势正随着党的十八大以来一系列经济社会发展新战略的提出和干部考核改革而转变。

第 7 章

新时代地方政府的注意力配置与议题偏好：现状、挑战及其应对

第 4 至 6 章对我国省级政府和地级市市委书记政策注意力的议题构成、变迁特征以及影响因素进行了初步的探索，这些研究得到的一个基本结论是：地方政府及其决策者的注意力偏好会随着宏观环境和组织激励而动态演变，特别是党的十八大以来，以习近平同志为核心的党中央提出的一系列治国理政新思想、新战略、新理念对地方政府的政策注意力配置产生了广泛而深远的影响。那么，在中国特色社会主义进入新时代、我国开始全面推进高质量转型发展的时代背景下，地方政府会如何确定本地区的发展战略和发展目标？这些区域发展战略又将如何反映出新时代地方政府的议题偏好？此外，在当前百年未有之大变局加速演进、各种风险挑战交织叠加的新形势下，地方政府的注意力配置又将面临哪些困境？又该如何应对？这些问题成为本章关注的焦点。

对此，本章首先聚焦 2021 年以来全国 31 个省、自治区和直辖市的党代会报告，汇总了各省对本地区未来五年发展的最新目标定位，并在此基础上揭示了这些区域发展目标背后的注意力配置逻辑，从而直观地呈现出新时代地方政府政策注意力配置的现状。之后，本章结合当前我国经济社会发展面临的内外部环境，提出了地方政府注意力配置容易出现的三种“失灵”现

象，并据此提出了应对和治理策略，以期在实证分析的基础上回归政策实践，体现本研究的政策含义。

1. 区域发展战略与地方政府的议题关注

正如前几章指出的，党的十八大以来，中国特色社会主义进入了新时代，推动高质量发展成为时代的主旋律，而干部管理体制的相关改革促使地方政府及决策者开始“重塑”政绩观，地方政府越来越倾向于将更多的政策资源配置在脱贫攻坚、环境保护、科技创新等政策议题上，从而引发政策注意力空间的结构性调整。那么，如果从一个较长的发展周期来看，这种政策注意力配置的结构性调整在各地中长期发展的战略定位中又是如何体现的？各地方政府在新时代所提出的发展目标又如何反映了他们的议题偏好？对此，本节汇总了2021年以来，全国31个省、自治区和直辖市最新召开的党代会报告中明确的省域发展目标（详见附录4），由于省级党代会承担了确定本地区今后五年乃至更长一段时间的发展战略、发展目标和发展任务的重要使命，因而成为观察较长周期内各地政策注意力配置的重要窗口。各省在党代会报告中提出的发展目标具有高度的针对性和概括性，对这些目标定位的分析有助于更好地了解新时代地方政府政策注意力配置的新动向和新趋势。如附录4所示，从政策注意力视角看，新时代地方政府政策注意力配置具有三个重点特点：

首先，“高质量发展”已经成为各省发展目标关注的焦点。习近平总书记指出，“高质量发展不只是一个经济要求，而是对经济社会发展方方面面的总要求；不是只对经济发达地区的要求，而是所有地区发展都必须贯彻的要求；不是一时一事的要求，而是必须长期坚持的要求”。而从第4、5章中也不难看出，党的十八大以来，无论是省级政府还是地市党委书记，都开始将更多政策注意力转向环境、科技、农业等政策议题，而这一趋势同样体现在各省对本地区发展目标的考量上。如附录4所示，“高质量发展”“生态环境”“科技创新”“民生”“文化”“改革开放”等都成为各省未来五年的发展目标中的关键词。例如，山西省第十二次党代会报告提出了“全方位推动高质量发展”的战略目标，并从构建现代产业体系、加快改革开放、加强民主法治建设、坚定文化自信、增进民生福祉、践行“两山理念”以及坚持全面从严治党等七个方面提出具体的实践路径。浙江省第十五次党代会报告将“高水平建设现代化经济体系，打造高质量发展高地”作为浙江今后五年将要打造的“八个高地”之一，而这一“高质量发展高地”的具体内涵不仅涉及经济总量和人均可支配收入的提升，而且还包括打造三大创新高地和创新策源地、构建现代产业体系和金融体系、推进高水平交通强省建设等。与浙江类似，陕西省第十四次党代会报告将“经济发展质效更高”作为今后五年的全省发展目标之首，并明确提出强化科技创新对现实生产力的提升作用和促进作用，推进关中、陕北、陕南区域协调发展和县域经济持续壮大，推动全省营商环境便利度跻身全国第一方阵。内蒙古自治区第十一次党代会报告指出，全区未来五年的经济高质量要取得更大的成果，而“高质量”的核心则是“生态优先，绿色发展”，并且所有领域、区域、产业、行业都要向此聚焦发力，各项重大目标任务、政策措施、工程项目都要依此布局展开。以上省份对本地区高质量发展的目标定位充分体现出了高质量发展是“发展质量”和“发展效益”的统一，推进高质量发展无疑需要在政策注意力层面做到“多点兼顾、一体推进”，而不是片面追求经济或某一方面发展的高速度。

其次，各省的发展定位体现了中央要求和各地省情的结合。中国特色社会主义的最大优势和本质特征就是党的领导，因此在各地区的发展实践中，贯彻落实党的全面领导就需要将党中央确立的区域发展战略作为指导地方经济社会发展的根本遵循，特别是党的十八大召开后，习近平总书记每到一地都会十分关心当地的改革发展情况，并有针对性地提出一系列指示要求，而这些都有效地调控了地方政府的注意力配置，对于各地形成符合高质量发展要求的区域发展战略和目标定位具有重要意义。例如，河北省第十次党代会根据党中央决策部署和习近平总书记的视察要求，确立了建设“六个现代化河北”的发展目标，这一战略目标既关注了河北当前面临的一些重大发展机遇，如成功举办北京冬奥会，推进雄安新区建设和京津冀协同发展等，同时也涵盖了事关河北加快建设现代化经济强省的若干重大政策关切需求，如推进创新型省份建设、构建京津冀生态安全屏障、巩固脱贫攻坚成果实现乡村振兴等，因而较好地实现了中央精神和河北实践的衔接。又如青海省，党中央较早就明确提出了良好的生态环境是青海发展的根本底色，并要求青海率先建成我国生态文明先行示范区，因而历任青海省委、省政府都将“生态立省”作为青海发展的基本方略。在青海省第十四次党代会提出的加快建设“六个现代化新青海”的战略目标中，“绿色发展”和“生态友好”就在其中的前两个，并明确提出青海要在构建绿色低碳循环发展、体现本地特色的现代化经济体系上迈出扎实步伐，保障青海作为国家生态安全屏障的重要地位。这些目标定位将党中央长期以来对青海工作的要求与青海省情相结合，体现了省委省政府政策关注的连续性和与时俱进。此外，海南省第八次党代会报告提出了未来五年“自由贸易港政策和制度体系初步建立，集聚和配置全球资源要素的能力明显增强，制度集成创新能级大幅提升，营商环境达到国内一流水平”的目标，体现了海南省将习近平总书记关于建设中国特色自由贸易港的重要指示融入全省发展大局中的战略主动。总体上看，各省党代会报告对本地区的发展定位既呈现出各省在发展阶段、发展要求、发展目标和发展路径上的差异，又涵盖中央对各地“贯彻新发展理念、构建新发展格局”的共性要求，这成为新时代地方政府注意力配置的一个鲜明特征。

最后，党的建设在各省的中长期发展战略定位中的重要性愈发凸显。党的十八大以来，“全面从严治党”成为四个全面战略布局的重要组成部分，从第5章的统计分析中也可以明显看到近年来地方领导干部对党务类工作的政策关注度有明显上升趋势，而在各省党代会报告中，加强党的建设也成为各省发展目标中的关键词和高频词。例如，广东省第十三次党代会报告将“党的建设开创新局面”列为全省未来五年七大发展目标首位，并从学习贯彻习近平新时代中国特色社会主义思想、加强组织和干部队伍建设、推动正风肃纪反腐、完善党的全面领导制度等方面做出具体安排。河南省第十一次党代会报告提出“管党治党能力显著提升”是今后五年内河南省必须努力实现的重要目标，并指出要从加强政治建设、强化思想引领、打造高素质干部队伍、坚持党管人才、大抓基层党建、锻造能力作风、坚决惩治腐败等七个方面完成这一目标。此外，北京、辽宁、吉林、黑龙江、浙江、江西、湖北、湖南、海南、四川、贵州、云南、陕西、甘肃、青海、新疆、西藏等省区市也都将加强党的建设、提高管党治党水平作为本地区未来五年发展目标的重要组成部分，因此，不难预见在今后一个时期内，党建类议题在地方政府注意力空间中的地位会得到进一步凸显。

2. 地方政府注意力配置“失灵”现象及其表现

通过对2021年以来各省的最新一次党代会报告的内容分析可以看出，新时代地方政府所关注的政策领域和议题十分多样，但与此同时，组织和决策者的注意力资源又总是有限的。因此，在有限的注意力空间中，不同政策议题间必然存在一种竞争关系，即组织或决策者对A议题相对关注度的增加必然会挤占对B议题的相对关注。此外，如果引入时间维度，地方政府对不同议题的相对关注水平也会很容易出现“此消彼长”的动态演变情况。更重要的是，在地方治理实践中，政府不仅面临着差异化的内外部环境，而且决策信息也很难实现“完全对称”，因而当并行处理多个公共事务时，政府或决策者的注意力配置就很难实现“帕累托最优”。特别是当中国特色社会主义进入新时代，百年未有之大变局加速演进，各地都面临着艰巨繁重的改革、发展和稳定任务，而当需要回应的政策问题越来越多，注意力资源和议程空间又相对有限时，就容易发生地方政府注意力配置偏差甚至“失灵”的现象。本研究认为，在高质量发展的目标约束下，地方政府政策注意力配置“失灵”常常表现为三种形式，即政策议题的“策略性偏好”、注意力配置的过度碎片化和不连续。

（1）政策议题的“策略性偏好”

差异化的议题偏好是政府或决策者注意力配置的常态，一方面，政府官员不同的教育背景和工作经历会塑造他们的行为与偏好；另一方面，工作环境的异质性和决策信息的可得性也会影响决策者的注意力配置。但是，由于公共组织的特殊性，当地方政府及其决策者只考虑自身利益而忽视公共利益，进而形成“策略性的议题偏好”时，就会引起注意力配置“失灵”，造成政策资源的错配和浪费的现象，一个典型的例子便是长期以来在一些地区存在的“唯 GDP 论”。一些地方领导干部为了获得更好的政绩，会将注意力策略性地转移到如何获得“更漂亮的经济数字”上，因而在上任后一门心思地推进大项目、发展大产业，这种对经济总量和增量的片面追求往往会带来发展质量和效益的不均衡，不仅会使其他亟待解决的公共议题得不到足够的关注和政策资源，而且还容易诱发更严重的系统性风险，不利于地区经济社会的健康发展。利用第 5 章中市委书记针对经济、政治等五类重要议题相对关注度数据绘制的变化趋势图中可以看出（如图 7-1），2013 年后履新的市委书记对经济发展的相对关注度较之前有所降低，而对政治与党务、生态环境、农业扶贫等议题的关注略有上升，表明在我国经济由高速增长进入高质量发展的新阶段后，地方官员的注意力配置出现了结构性调整和优化，当然这一过程不可能一蹴而就，因为高质量发展最终要实现发展质量、结构、规模、效益、速度和安全的统一，而改革开放以来，地方政府行为决策的惯性思维仍然会让一些领导干部在注意力配置过程中出现策略性的议题偏好的情况。

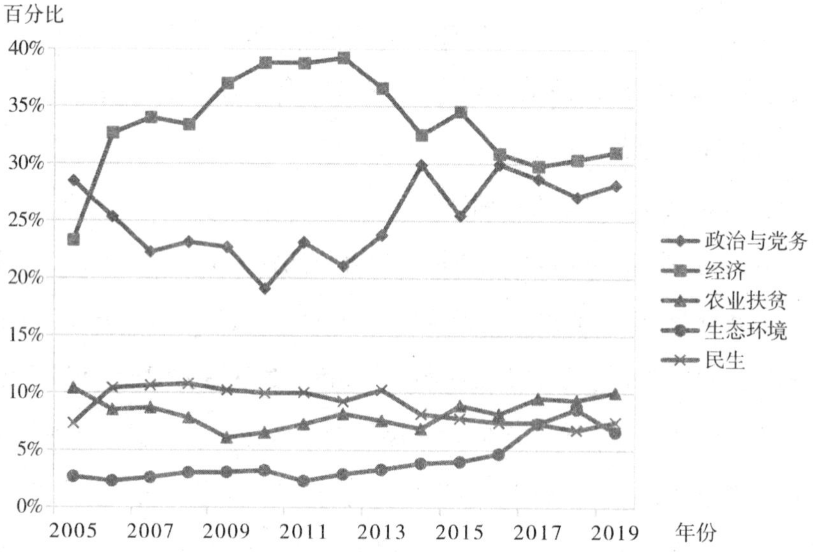

图 7-1　市委书记上任后对 5 类重要议题相对关注水平的变化趋势（2005—2019）

（2）议题关注“过度碎片化”

注意力配置“失灵”的第二个表现是地方政府议题关注的“过度碎片化”。注意力的碎片化程度反映了政府注意力空间中的政策议题多样性，即政府的注意力是相对集中在某一个或少数几个议题上，还是更均匀地分布在几个不同议题间。我们在第 5 章中计算了每位市委书记履新后注意力的香农 H 值指数，不难发现，自 2005 年以来市委书记上任后政策注意力中的议题多样性经历了由低到高的变化过程。结合图7-1关于样本对不同议题相对关注度的年度变化趋势可以得到一个基本结论，即党的十八大以来地方官员注意力多样性的增加应与经济议题在决策者注意力空间中比重相对下降，而政治、环保、农业、科技等议题比重相对增加有关。政策注意力多样性的适度增加并非没有益处，因为与营利性组织不同，政府面对的是高度差异化的利益主体和复杂的公共问题，注意力多样性的提升有助于合理配置政策资源，也有助于及时回应不同群体的利益诉求。但议题关注无限度的分散同样也会引起政府注意力的“过度碎片化”。对此，习近平总书记曾有过精辟论述，他指出，“面对复杂形势、复杂矛盾、繁重任务，没有主次，不加区别，眉毛胡子一把抓，是做不好工作的”。① 在具体的政策实践中，注意力的过度碎片化不仅会消耗决策者的时间和精力，造成行政资源的分散与浪费，而且同时还会引起纵向行政层级内政策执行的无序和低效，特别是对于基层政府来说，上级政府过度碎片化的注意力导向还会导致基层政府工作负担和压力的陡然上升，使基层工作陷入疲于应付和“内卷化”的困境之中。

（3）政策注意力“不连续”

政策注意力“不连续”是地方政府注意力配置“失灵”的第三个常见表现，它反映了在相对较长时间的范围内，政府或决策者对部分公共问题的政策关注出现明显“间断”，造成一些重大改革议题不能得到长期跟踪和妥善解决。在我国，上一级党委和组织部门负责下级地方领导干部的人事任命、官员调任和更替频繁发生，因而地方官员的实际任期有时并不等于其法定任期。在这样的背景下，“张书记来了种树，李书记来了修路”“新官不理旧账”等现象时有发生。这些现象本质上反映了政府注意力配置的不连续，这

① 资料来源：新华社，习近平在省部级主要领导干部学习贯彻党的十九届六中全会精神专题研讨班开班式上发表重要讲话，https：//www.ccps.gov.cn/xtt/202201/t20220111_ 152606.shtml

不仅容易引起一些领域政策偏好的“朝令夕改”，还会让某些政策问题的解决变成“虎头蛇尾”甚至“半拉子工程”。特别是在一些事关高质量发展全局、需要“久久为功”和“动真碰硬”的政策领域，如全面从严治党、生态环境保护、国企改革、防范化解重大金融风险等，更容易出现注意力配置的不连续。党的十八大以来，中央有意识地在一些领域强化了顶层设计和制度约束，以避免地方政府对一些公共事务的关注，从而产生“撤摊子、甩包袱、歇歇脚”的思想。例如，在生态环境保护方面，中央加强了自然资源资产离任审计，并要求对不顾生态环境盲目决策、造成严重后果的，依规依纪依法严格问责、终身追责。这一制度能够促进地方领导干部扎实推进生态文明建设，加强了各地在环保领域政策关注的连续性。不过，从长期来看，地方政府及领导干部注意力“不连续”的风险仍然存在，实现“一张蓝图绘到底、一任接着一任干”的目标还面临着很多现实挑战，特别是当地方主官发生变化后，继任者如何在之前的领导班子打下的基础上继续开展工作，保持政策注意力的连续和稳定，仍需要探索和建立更为有效的制度激励。

3. 政策注意力配置“失灵”现象的应对与治理

Ocasio（2011）的注意力基础观理论认为，组织者和决策者并非在真空中决策，其议题关注的任何变化必然受到一系列制度规则的影响。因此，从组织管理的视角看，避免地方政府注意力配置“失灵”的关键就在于完善涉及政府组织管理和行政决策的体制机制，在最大限度促进激励相容的同时，使政府和决策者的注意力配置更好地服务于各地高质量发展的现实需求和长远战略，而我国的政治体制和决策模式不同于西方的政党政治，因而在引导地方政府和决策者合理配置政策注意力时必须考虑到当代中国的体制特征和基本国情。对此，本研究认为在高质量发展的目标约束下，地方政府注意力配置“失灵”的应对和治理有三个重要着力点。

（1）理顺央地关系，加强宏观战略与规划的引领示范

在多层次的治理结构下，地方政府注意力配置“失灵”的产生与央地关系的结构性特征密不可分。党的十八大以来，党中央根据我国面临的新形势及时提出了一系列的治国理政新理念、新思想、新战略，而这些战略能否精准有效地传递给地方政府，是规避地方政府注意力配置“失灵”的关键。因此，需要通过理顺央地关系来释放宏观战略的引领作用。一方面，可以依托中国共产党强大的政治领导力、思想引领力、群众组织力、社会号召力，通过领导班子集体学习、干部集中培训等方式高效、准确地阐释党和国家的重大战略，在传递信息和赋予议题合法性的同时，增进各级地方政府特别是主要领导干部对中央重大方针政策的政治认同，促使地方政府形成符合高质量发展要求的“注意力导向”，避免产生策略性议题偏好的局面。另一方面，可以发挥“五年规划”在引导地方政府合理配置注意力上的独特优势，完善规划编制、执行、监督、评估和反馈的体制机制，引导地方政府对一些重大问题的政策关注保持“方向不变、道路不偏、力度不减”，避免出现明显的注意力“间断”的情况，增强相关政策的连续性和稳定性，为实现“一张蓝图绘到底”提供基本制度保障。

（2）发挥制度优势，提高地方政府的注意力管理能力

地方官员作为辖区公共事务的决策者，是提升地方政府注意力管理能力，提高决策质量、效率和水平的关键。实际上，我国在改革开放的历史实践中已经探索和积累了不少有助于提升政府和决策者注意力管理能力的制度设计或政策工具。例如，定期开展不同主题的巡视督察，如中央环保督察、国务院大督察以及中央脱贫攻坚专项巡视等，不仅有助于上级政府及时了解下级政府的工作动态，更有助于实现对地方政府的“注意力纠偏”，有助于

督促其将更多注意力资源投向与高质量发展、民生、环保相关的政策领域（苑春荟、燕阳，2020）。此外，由于组织和决策者注意力的有限性，如果想要议题进入正式的政策过程就需要更多的“议程空间”来承载，而在我国，议事协调机构常常在其中扮演着重要的角色。特别是党的十八大以来，各地按照中央统一要求建立的全面深化改革领导小组，大大提升了各地党委政府的“议程承载能力”，涵盖党建、司法、行政、金融、环保、能源、农业、卫生、文化、教育、体育、旅游、民族、基层治理、城市建设、社会保障、应急管理等领域的数百项政策问题被纳入正式的决策议程，极大地丰富了各级政府和决策者注意力的议题多样性，实现了地方党委对各地重大发展改革工作的领导全覆盖局面。不过，需要注意的是，不论是开展督察巡视，还是建立议事协调机构，本质都是推动政策的科学制定和有效执行，因此，有必要审慎评估这些机制的使用频次和适用场合，避免因频繁开展督察或设立领导小组而造成决策者注意力过度碎片化的现状，反而引起注意力配置的“失灵”。

（3）健全激励机制，发挥好干部考核的“指挥棒”作用

毛泽东同志指出，“政治路线确定之后，干部就是决定的因素”。因此，解决地方政府注意力配置“失灵”最终还是要在个体层面实现对领导干部议题关注的合理引导和有效激励。不同于西方国家官僚在选举和政党竞争压力下配置政策注意力，我国通过系统化的干部管理和组织建设，将地方领导干部的选拔、培育、管理、任用统一于推进中国特色社会主义事业的伟大实践中，为各级领导干部担当作为提供了最基本的组织环境（左才，2017）。因此，应当继续加强干部人事制度改革的系统性和协调性，一方面可以将干部考核作为引导地方政府合理配置政策注意力的突破口，将贯彻落实高质量发展，满足人民日益增长的美好生活需要的实际成效及履责情况作为考核干部

实绩的重要内容，并建立起相应的奖惩和容错纠错机制，促使地方领导干部树立正确的政绩观，避免形成策略性的注意力偏好；另一方面则要抓紧探索建立“一任接着一任干”的激励考核机制，组织部门在地方领导干部选育管用的具体实践中，可以重点考察新任干部在一些重要改革议题上是否保持了注意力的连续和稳定，同时还要建立健全对领导干部重大决策的论证、监督和责任追究制度，使政策注意力的倾斜和行政资源的投入收到预期效果，确保干一件成一件，加强对“新官不理旧账”行为的追责问责力度，实现政策资源的高效合理配置。

总之，政策注意力配置不仅仅是抽象的理论概念，更是决策者在日常治理实践中时刻面对的一项重要任务，因而注意力配置“失灵”的发生具有相当的隐蔽性和普遍性。特别是在当前百年变局和世纪疫情交织叠加的时代背景下，地方政府面临的风险挑战和发展机遇是前所未有的，领导干部合理配置注意力的难度明显增加，注意力的碎片化、不连续以及策略性的议题偏好更容易同时出现，这不仅客观上增加了应对注意力配置“失灵”问题的难度，而且也阻碍了我国领导体制制度优势向治理效能的转化。对此，习近平总书记指出：“我们要有全局观，对各种矛盾做到了然于胸，同时又要紧紧围绕主要矛盾和中心任务，优先解决主要矛盾和矛盾的主要方面，以此带动其他矛盾的解决，在整体推进中实现重点突破，以重点突破带动经济社会发展水平整体跃升。”① 这为各级党政部门和领导干部科学、高效、合理地配置政策注意力提出了根本要求和方法遵循。因此，未来的注意力研究不仅要关注政府注意力变迁的动态和规律，还要回到地方政府治理的实践场域，还原决策者注意力配置的一般逻辑和现实困境，从而对高质量发展目标下地方政

---

① 资料来源：新华社，习近平在省部级主要领导干部学习贯彻党的十九届六中全会精神专题研讨班开班式上发表重要讲话，https：//www.ccps.gov.cn/xtt/202201/t20220111_ 152606.shtml

府的注意力配置做出更为全面的理论阐释。

4. 本章小结

本章在前几章实证研究的基础上，回归地方政府政策注意力配置的实践，以2021年以来各省级党代会报告对各省未来五年发展目标定位为例，重点分析了新时代地方政府注意力配置的一般特征和趋势。总体上看，随着中国特色社会主义进入新时代，各省对本地区的发展定位充分体现了高质量发展的基本要求，这意味着今后一个时期地方政府的注意力配置将持续出现调整和优化。但是，由于注意力资源的稀缺性、决策者的有限理性和信息不对称，地方政府在面对多样化的政策议题时很容易遇到注意力配置“失灵”的困境，具体表现为政策议题的“策略性偏好”、注意力的过度碎片化和不连续。上述注意力配置“失灵”会引发资源浪费、行政效率低下等问题，给地区高质量发展带来负面影响。对此，解决地方官员注意力配置“失灵”问题的关键在于完善与政策过程和干部管理相关的体制机制，包括加强宏观战略和规划的引领示范、提高决策者的注意力管理能力以及深化干部考核体制机制改革等。

附录1

NMF 模型和 LDA 模型的主题输出

附表 1-1 基于 NMF 模型的中共中央日常会议文本主题建模输出

序号	关键词
主题 1	0.038 * 经济，0.017 * 发展，0.012 * 宏观调控，0.010 * 经济增长，0.009 * 经济形势
主题 2	0.027 * 反腐败，0.022 * 党风廉政，0.012 * 惩治，0.010 * 从严治党，0.009 * 八项规定
主题 3	0.028 * 党组织，0.014 * 党员，0.008 * 领导，0.008 * 干部，0.007 * 基层组织
主题 4	0.011 * 改革，0.009 * 深化改革，0.008 * 体制，0.007 * 改革举措，0.007 * 试点
主题 5	0.033 * 生态文明，0.012 * 生态，0.011 * 0.009 * 绿色，0.009 * 生态环境，0.008 * 开发
主题 6	0.028 * 法治，0.016 * 依法治国，0.014 * 法律，0.008 * 立法，0.007 * 司法
主题 7	0.019 * 农村，0.013 * 农业，0.011 * 农民，0.010 * 社会主义新农村，0.009 * 乡村振兴
主题 8	0.024 * 科技，0.012 * 创新，0.011 * 人才，0.009 * 战略，0.009 * 军民融合
主题 9	0.037 * 行政，0.011 * 机构改革，0.010 * 政府职能，0.010 * 行政管理，0.009 * 政府工作报告

续表

序号	关键词
主题 10	0.020 * 中国特色社会主义，0.014 * 人民，0.012 * 科学发展观，0.011 * 理论，0.009 * 马克思主义
主题 11	0.063 * 党组，0.024 * 全国政协，0.024 * 全国人大，0.016 * 最高人民法院，0.007 * 最高人民检察院
主题 12	0.033 * 文化，0.016 * 社会主义文化，0.016 * 文化产业，0.008 * 网络，0.008 * 公共
主题 13	0.030 * 和平，0.014 * 世界，0.012 * 国际，0.010 * 全球，0.009 * 发展
主题 14	0.027 * 城市，0.015 * 人口，0.010 * 规划，0.009 * 京津冀，0.008 * 计划生育
主题 15	0.020 * 社会建设，0.016 * 大局稳定，0.008 * 调查，0.008 * 治安，0.008 * 矛盾
主题 16	0.032 * 教育，0.026 * 优先发展，0.014 * 培训，0.006 * 教师，0.006 * 学生
主题 17	0.017 * 抗震救灾，0.016 * 灾区，0.014 * 地震，0.012 * 重建，0.010 * 救援
主题 18	0.021 * 金融，0.012 * 金融业，0.009 * 金融监管，0.007 * 监管，0.007 * 金融风险
主题 19	0.034 * 军队 0.025 * 国防，0.022 * 军事，0.007 * 强军，0.006 * 军民融合
主题 20	0.032 能源，0.022 * 资源，0.012 * 节约能源，0.012 * 消费，0.008 * 能源生产
主题 21	0.008 * 新疆，0.007 * 民族，0.007 * 少数民族，0.007 * 民族团结，0.006 * 稳定

附表1-2 基于NMF模型的国务院日常会议文本主题建模输出

序号	关键词
主题1	0.021 * 产业，0.014 * 工业，0.011 * 产业升级，0.010 * 产业结构，0.009 * 互联网
主题2	0.015 * 审批，0.007 * 行政审批，0.007 * 取消，0.007 * 下放，0.006 * 行政许可
主题3	0.021 * 农村，0.017 * 农业，0.011 * 农民，0.007 * 农产品，0.006 * 现代农业
主题4	0.016 * 贷款，0.009 * 融资，0.008 * 融资担保，0.007 * 金融，0.007 * 银行
主题5	0.025 * 审计，0.014 * 中央预算，0.010 * 财政收支，009 * 整改，0.007 * 预算
主题6	0.023 * 民间，0.011 * 投资，0.011 * 项目，0.009 * 基础设施，.008 * 社会资本
主题7	0.033 * 生态，0.023 * 环境保护，0.011 * 流域，0.008 * 森林，0.007 * 饮用水
主题8	0.016 * 进口，0.012 * 通关，0.010 外贸，0.008 * 贸易，0.008 * 跨境电商
主题9	0.028 * 事故，0.012 * 煤矿安全，0.009 * 煤矿，0.008 * 安全事故，0.007 * 救援
主题10	0.012 * 就业，0.010 * 毕业生，0.009 * 劳动者，0.008 * 失业，0.006 * 创业
主题11	0.016 * 残疾人，0.011 * 康复，0.010 * 护理，0.010 * 保障，0.007 * 下岗职工
主题12	0.017 * 医疗卫生，0.013 * 公立医院，0.011 * 医药卫生，0.007 * 医生，0.006 * 公共卫生
主题13	0.024 * 经济形势，0.015 * 经济运行，0.008 * 宏观调控，0.007 * 物价，0.007 * 煤电油运
主题14	0.021 * 退休，0.017 * 养老金，0.010 * 养老保险，0.009 * 参保，0.007 * 缴费

续表

序号	关键词
主题 15	0.015 * 节能，0.011 * 减排，0.008 * 淘汰，0.007 * 能耗，0.006 * 高耗能
主题 16	0.018 * 重建，0.015 * 恢复，0.012 * 灾后，0.009 * 灾区，0.009 * 地震
主题 17	0.011 * 规划，0.011 * 西部，0.008 * 区域，0.007 * 优势，0.007 * 中部地区
主题 18	0.031 * 义务教育，0.008 * 学校，0.007 * 学生，0.007 * 教育，0.006 教师
主题 19	0.016 * 改革，0.011 * 经济体制，0.011 * 体制机制，0.007 * 体制改革，0.007 * 理顺
主题 20	0.028 * 住房，0.009 * 房地产，0.009 * 房价，0.006 * 保障性住房，0.006 * 棚户区
主题 21	0.018 * 文化，0.016 * 旅游，0.008 * 消费，0.008 * 传统文化，0.007 * 文物
主题 22	0.022 * 知识产权，0.011 * 假冒伪劣，0.011 * 侵权，0.010 * 打击，0.007 * 知识产权保护
主题 23	0.033 * 粮食，0.21 * 粮食生产，0.012 * 农业，0.012 * 粮食安全，0.011 * 增产
主题 24	0.018 * 国有资产，0.009 * 监事会，0.008 * 国有企业，0.007 * 国有资本，0.006 * 国有
主题 25	0.027 * 食品安全，0.021 * 食品，0.016 * 质量，0.008 * 安全监管，0.007 * 监督管理
主题 26	0.021 * 疫情，0.019 * 防控，0.011 * 流感，0.010 * 禽流感，0.008 * 防疫
主题 27	0.011 * 政府工作报告，0.010 * 全国人大，0.010 * 部门，0.008 * 分工，0.007 * 履行职责
主题 28	0.031 * 土地，0.015 * 土地利用，0.011 * 耕地，0.011 * 用地，0.008 * 违法

续表

序号	关键词
主题 29	0.011 * 农民工，0.010 * 工资，0.010 * 劳动，0.008 * 拖欠，0.007 * 返乡
主题 30	0.013 * 行政长官，0.008 * 依法，0.006 * 基本法，0.006 * 长期，0.005 * 方针

附表 1-3　基于 LDA 模型的中共中央日常会议文本主题建模输出（部分）

序号	关键词
主题 1	0.003 * 反腐败，0.003 * 医疗卫生，0.003 * 斗争，0.002 * 发展，0.002 * 人民
主题 2	0.004 * 世界，0.004 * 社会，0.003 * 运行，0.003 * 奥运会，0.002 * 保障
主题 3	0.003 * 防治，0.003 * 灾区，0.003 * 群众，0.003 * 文化，0.003 * 工程
主题 4	0.004 * 改革，0.004 * 发展，0.004 * 创新，0.003 * 科技，0.003 * 统筹
主题 5	0.005 * 科学，0.005 * 社会，0.005 * 脱贫，0.005 * 发展，0.005 * 农业
主题 6	0.004 * 社会保障，0.003 * 城乡，0.003 * 发展，0.003 * 医疗，0.002 * 政策
主题 7	0.005 * 文化，0.004 * 发展，0.003 * 传统文化，0.003 * 网络，0.003 * 媒体
主题 8	0.007 * 国有企业，0.003 * 疫苗，0.003 * 法规，0.002 * 生产，0.002 * 巡视
主题 9	0.004 * 能源，0.004 * 消费，0.004 * 节约，0.004 * 筹办，0.004 * 资源
主题 10	0.006 * 发展，0.004 * 人民，0.003 * 马克思主义，0.003 * 民族，0.003 * 精神

附表 1-4　基于 LDA 模型的国务院日常会议文本主题建模输出（部分）

序号	关键词
主题 1	0.004 * 发展，0.003 * 企业，0.003 * 改革，0.002 * 经济，0.002 * 社会
主题 2	0.003 * 发展，0.003 * 保障，0.003 * 国家，0.002 * 管理，0.002 * 规划
主题 3	0.003 * 农村，0.003 * 生产，0.002 * 稳定，0.002 * 服务，0.002 * 价格
主题 4	0.003 * 企业，0.003 * 改革，0.003 * 公开，0.003 * 政策，0.002 * 经济
主题 5	0.004 * 生物，0.004 * 制造业，0.003 * 新兴产业，0.003 * 投资，0.002 * 住房
主题 6	0.005 * 土地，0.004 * 用地，0.003 * 耕地，0.003 * 地下水，0.003 * 土地利用
主题 7	0.003 * 食品安全，0.003 * 防控，0.003 * 生产，0.003 * 疫情，0.002 * 防治
主题 8	0.006 * 落后产能，0.006 * 节能，0.006 * 生猪，0.006 * 淘汰，0.006 * 目标
主题 9	0.003 * 进口，0.003 * 商品，0.003 * 对外贸易，0.003 * 平衡，0.003 * 通关
主题 10	0.005 * 金融，0.005 * 贷款，0.005 * 融资，0.005 * 企业，0.005 * 发展

附录2

省政府常务会议政策主题编码类目

1. 宏观经济

10：宏观经济形势的分析研判

涉及省政府在年初、年中、年末以及各季度、月度对本省经济形势的研判调度，包括研究一定时期本省经济社会发展目标（及完成情况），安排国民经济重要物资（煤电油运）的供应调度，以及对当前重点经济工作的部署等。

11：经济体制改革与落实

涉及本省宏观经济体制改革以及重大发展战略（综合性、全局性和牵引性）的制定和落实。

12：对外开放

涉及本省加快对外开放、壮大外向型经济、参与“一带一路”建设等相关工作。

13：经济社会发展规划

涉及本省经济社会发展五年规划的起草、编制、审议、落实与考核评估等相关工作。

14：金融

涉及本省金融业发展、金融市场监管与改革、金融风险防范、金融服务实体经济等相关工作。

15：价格与统计

涉及本省价格管理、统计管理和经济普查等相关工作。

16：市场经济秩序

涉及本省市场经济秩序的规范整顿等相关工作。

17：其他（略）

2. 产业与企业

20：工业经济

涉及本省工业经济、工业强省、两化融合等宏观层面战略、制度及相关政策的制定、调整与实施。

21：产业结构调整

涉及本省产业结构调整、落后产能淘汰（如煤炭、焦炭、钢铁、水泥、玻璃、造纸、制革、印染等行业）、产业承接转移等相关工作。

22：重点产业发展

涉及本省支柱型产业、战略性新兴产业、特色优势产业以及其他第三产业等的布局、培育、发展以及本省重点工业（或产业）园区、示范区、基地、开发区等的布局规划、建设管理以及发展政策的制定落实等相关工作。

23：国企国资

涉及本省国有资本管理和国有企业改革等相关工作。

24：非公经济

涉及本省非公经济发展与市场主体帮扶的相关工作。

25：其他（略）

3. 投资与基建

30：基础设施建设

涉及本省包括铁路、公路（含高速公路）、航空（机场）、航道、港口、桥梁、电力（电网）、水利、通信、燃气、管线、信息网络、物流通道等在内的重大基础设施的建设管理之类的相关工作。

31：招商引资

涉及本省投融资与招商引资等相关工作。

33：其他（略）

4. “三农”与扶贫

40：“三农”

涉及本省农业、农村、农民等相关工作。

41：粮食

涉及本省粮食生产、保障粮食安全（“菜篮子”“米袋子”工程）等相关工作。

42：脱贫攻坚

涉及本省精准扶贫、脱贫攻坚等相关工作。

43：其他（略）

5. 应急管理与社会稳定

50：安全生产

涉及本省重点地区和行业（煤矿、化工、矿山、交通运输、建设与建筑工程、学校医院公园广场等公共场所、水库堤坝等水利设施、烟花爆竹或其他危险化学品企业等）的安全形势的分析研判、安全生产事故的处理与问责以及相关安全生产监管体制机制建设等相关工作。

51：食品药品安全

涉及本省食品药品安全监管与体制机制建设等相关工作。

52：社会稳定

涉及本省维护社会治安、基层社会稳定以及信访等相关工作。

53：自然灾害

涉及本省各类自然灾害预防、应对处置与灾后重建等相关工作。

54：应急管理体制

涉及应急管理体制机制改革、应急产业发展、应急救援力量和应急管理基础设施建设等相关工作。

55：其他（略）

6. 生态环境

60：生态文明战略与制度

涉及本省宏观层面的生态文明战略与制度建设等相关工作。

61：生态环境保护与治理

涉及本省生态保护、环境污染治理等相关工作。

62：节能减排

涉及本省节能减排、应对气候变化以及低碳发展等相关工作。

63：可持续发展

涉及本省推动循环经济、生态经济与可持续发展等相关工作。

64：环境问责

涉及本省生态环境保护责任追究、环保督察整改落实等相关工作。

75：其他（略）

7. 财税审计

70：财政

涉及本省预算管理以及财政管理体制改革等相关工作。

71：税收

涉及本省税收政策以及税收体制改革等相关工作。

72：审计

涉及本省政府审计等相关工作。

73：其他（略）

8. 民生与社会保障

80：就业

涉及本省就业、工资、劳动关系与职工权益维护等相关工作。

81：社会保障

涉及本省社会保障和各类弱势群体的帮扶与社会救助等相关工作。

82：民生实事

涉及各省政府年度民生实事（民生大事、民生项目、民生工程等）的制定、落实和考核等相关工作。

83：民政与社会事业

涉及本省其他民政和社会事业管理等工作。

84：其他（略）

9. 科技创新与人才

90：科技体制改革

涉及本省科技体制改革与科技创新发展战略制定落实等相关工作。

91：科技创新项目

涉及本省重大科技创新项目的管理与成果转化等相关工作。

92：企业科技创新

涉及推动本省企业科技创新等相关工作。

93：知识产权

涉及本省专利管理与知识产权保护等相关工作。

94：科技人才

涉及本省科技人才发展战略及配套政策的制定落实等相关工作。

95：其他（略）

10. 政府行政与法治

100：政府机构与人员管理

涉及本省政府机构设置与改革、事业单位管理和公务员队伍等相关工作。

101：政府行政与职能优化

涉及本省政府职能优化与行政行为规范等相关工作。

102：政府绩效考核

涉及本省政府绩效管理与目标考核等相关工作。

103：政府法治与廉政

涉及本省政府立法、依法行政、司法体制改革以及廉政建设等相关工作。

104：其他（略）

11. 住房与土地

110：住房

涉及本省房地产市场管理、居民住房保障等相关工作。

111：国土与自然资源管理

涉及本省国土空间规划、用地审批、自然资源管理等相关工作。

112：其他（略）

12. 文教、体育与旅游

120：文化

涉及文化资源的保护与开发、文化产业发展、公共文化建设等相关工作。

121：教育

涉及本省教育事业发展的相关工作。

122：体育

涉及本省体育事业发展与全民健身等相关工作。

123：旅游

涉及本省旅游业发展的相关工作。

124：其他（略）

13. 人口与区域发展

130：人口

涉及本省人口与计划生育的相关工作。

131：城镇化与城市管理

涉及本省推进城镇化、加强城市管理与服务等相关工作。

132：区域发展

涉及本省落实区域发展战略以及推进区域协调发展等相关工作。

133：其他（略）

14. 医药卫生

140：医药卫生体制改革

涉及本省医药卫生体制改革的相关工作。

141：医药卫生产业

涉及本省推动医药卫生产业（如生物医药产业、医疗器械产业、中医药产业等）发展的相关工作。

142：公共卫生

涉及本省公共卫生管理相关工作。

143：其他（略）

15. 政治学习

涉及对党和国家重要会议精神、中央领导视察、讲话和批示精神的传达学习。

16. 政府工作报告

涉及省政府工作报告的起草、意见征求、任务分配、落实考核等工作。

17. 其他（略）

附录3

地方官员公开活动政策主题编码类目

1. 经济

101：一般性/综合类事务

涉及本地区一般性、综合类（同时涉及序号 102-106 中的多项子议题）宏观经济事务。

102：产业与企业

涉及本地区的工业经济、产业发展、国企国资、非公经济、招商引资等政策议题。常见或典型议题举例：工业高质量发展；产业结构调整；产业升级改造；产业园区与产业项目建设；新兴产业培育（新业态）；产业集聚与转移；产业人才；高新技术产业；军民融合发展；地企合作；国有资本管理；国企改革；民营企业发展；投资融资工作等。

103：经济发展战略与规划

涉及本地区中长期的发展规划或重大发展战略、重点城市（区域）发展战略或规划、重要基础设施或重大项目的规划与建设等政策议题。常见或典型议题举例：事关本地区中长期发展的战略性、综合类规划的制定、实施、评估考核等；本地区重点城市或重点区域发展战略或规划的制定、实施、评估考核等；本地区重要基础设施或重大项目的规划、建设与评估考核等。

104：对外开放与经济合作

涉及本地区加快对外开放、壮大外向型经济等相关政策的议题。常见或典型议题举例：国家重大对外开放战略的对接；对外贸易与跨境经济合作；兄弟省（市）间的合作；会展与会议经济；各级各类的自贸区、保税区发展与政策支持等。

105：经济体制改革

涉及与本地区综合性、全局性、牵引性体制改革相关的政策议题。常见或典型的议题举例：全面深化改革；供给侧结构性改革；"补短板强弱项""稳增长调结构促转型"；推动经济发展方式转型；转型改革试点及经验推广等。

106：其他（略）

2. 政治与党务

201：一般性/综合类事务

涉及本地区一般性、综合类（同时涉及序号202-208中的多项子议题）的政治领导或党务工作。常见或典型议题举例：中央各类综合类政治性会议、中央领导讲话精神的学习传达（如全国党代会）；中央领导考察精神的学习传达；省（市）党代会筹备与会议精神学习传达；本地区党的各类主题教育的开展（如深入贯彻落实科学发展观、三严三实、不忘初心、牢记使命、党史学习教育等）；省（市）委及其常委会自身建设与工作安排；维护本地区党的集中统一领导和民主集中制；本地区党和国家机构改革；推进本地区国家治理体系与治理能力现代化；政治表彰等。

202：党建与组织管理

涉及本地区党的建设、党员与干部管理等相关政策议题。常见或典型议题举例：领导干部的选拔、任用、激励、考核等一般性的干部管理工作；领导干部素质与能力建设；党的基层组织建设；党内法规与制度体系建设；党校工作；党史工作；高校、国企和社会组织党建工作；老干部工作等。

203：宣传与意识形态

涉及本地区宣传、舆论、思想政治教育、意识形态等相关政策议题。常见或典型议题举例：新闻媒体；网络安全与信息化（网信）；爱国主义教育；高校思想政治教育等。

204：作风与纪检监察

涉及本地区全面从严治党、纪检监察及干部作风建设等相关的政策议题。常见或典型议题举例：党风廉政建设；监察体制改革；八项规定；纠治“四风”；政治巡视、巡查与监督；纪检监察干部队伍建设等。

205：国安与政法工作

涉及本地区国家安全与政法工作（公安、法院、检察院）等相关政策议题。常见或典型议题举例：平安建设；防范化解重大风险；扫黑除恶；基层社会治理；司法体制改革；政法队伍建设等。

206：民族、宗教与统一战线

涉及本地区民族、宗教、民主党派及其他与统战工作相关的政策议题。

207：群团工作

涉及本地区重要人民团体、群众组织及其他社会组织相关的政策议题。常见或典型议题举例：工会、妇联、共青团等重要人民团体与群众组织的政治领导；工人、妇女、青年等群体的慰问关怀等。

208：其他（略）

3. 人大、政协

301：一般性/综合类事务

涉及与本地区人大、政府、政协等相关的一般性、综合类（同时涉及序号 302-306 中的多项子议题）政策主题。

302：地方人大与立法工作

涉及对本地区各级人大及其常委会进行政治领导、推动地方立法及人大自身建设等相关的政策主题。

303：地方政府工作

涉及对本地区各级人民政府进行政治领导、推动地方政府自身建设等相关政策主题。

304：地方政协工作

涉及对本地区各级政协组织进行政治领导、推动地方政协自身建设等方面的相关政策主题。

305：两会相关工作

涉及与全国和地方两会相关的活动。

306. 其他（略）

4. 农业

401：一般性/综合类事务

涉及本地区农业与扶贫相关的一般性、综合类（同时涉及序号 402-404 中的多项子议题）的政策主题。

402：农业、农村与农民

涉及本地区农业、农村与农民等相关政策议题。常见或典型议题举例：农业现代化；新农村建设；乡村振兴；村民自治；粮食生产与粮食安全；耕地保护；供销合作社工作等。

403：扶贫脱贫

涉及本地区扶贫开发、脱贫攻坚等相关政策议题。常见或典型议题举例：扶贫脱贫计划与目标考核；老少边穷地区、集中连片特困区脱贫工作；

易地扶贫搬迁；产业扶贫；生态扶贫等。

404：其他（略）

5. 应急管理

501：一般性/综合类事务

涉及与本地区应急管理相关的一般性、综合类（同时涉及序号502-504中的多项子议题）政策议题。常见或典型议题举例：应急管理制度建设；应急救援力量；应急管理基础设施建设；应急产业等。

502：安全生产

涉及本地区安全生产监管等相关政策议题。常见或典型的议题举例：本地区生产安全形势分析研判；重点地区和行业的安全监管、事故处理与问责；食药品安全监管、事故处理与问责；安全生产责任考核与奖励；重大活动及节假日期间安全生产工作等。

503：灾害与疫情

涉及本地区各类自然灾害、突发公共卫生事件的应对处置等相关政策议题。常见或典型议题举例：气象灾害；海洋灾害；洪水灾害；地质灾害；地震灾害；农作物生物灾害；森林生物灾害；天文灾害；疫情防控等。

504：其他

6. 环境

601：一般性或综合类事务

涉及与本地区生态文明建设相关的一般性、综合类（同时涉及序号602-605中多项子议题）政策议题。

602：生态保护与环境治理

涉及本地区生态环境保护与污染治理等相关政策议题。常见或典型议题举例：本地区生态环境保护规划；河（湖、林）长制；生物多样性保护；生态保护地建设；“山水林田湖草”保护与治理；海洋生态环境保护；大气污染治理；城乡环境污染治理；环境规制；生态功能区建设；生态补偿与生态修复；生态屏障与生态涵养；生态环境保护督察；领导干部生态环境损害责任追究等。

603：节能减排

涉及本地区节能减排、绿色经济与可持续发展等相关的政策议题。常见或典型议题举例：应对气候变化；节能减排目标考核；节能减排产业与项目；碳排放交易与碳市场管理；清洁与可再生能源；资源节约与再利用；海绵城市；生态经济与循环经济；绿色消费与生活方式；生态经济区、生态文明示范区、生态城建设等。

604：自然资源管理

涉及本地区自然资源管理（含国土资源管理）等相关政策议题。常见或典型议题举例：主体功能区规划；重要海岛、无人岛的规划管理；土地执法调查与整治；矿产资源管理；地理信息测绘；领导干部自然资源离任审计等。

605：其他（略）

7. 民生

701：一般性或综合类事务

涉及与本地区民生建设相关的一般性、综合类（同时涉及序号702-707中多项子议题）政策议题。

702：就业与社会保障

涉及本地区的就业与人力资源、社会保障、社会救助等相关政策议题。常见或典型议题举例：重点群体就业；最低工资标准；劳动关系与劳动者权益维护；社会保险与社保基金管理；最低生活保障；民办社会福利机构管理；重点困难群体帮扶与权益保障；无障碍环境建设；慈善事业等。

703：住房

涉及本地区住房建设与保障等相关政策议题。常见或典型议题举例：安居工程；保障性住房规划建设；棚户区和城市危房改造；老旧小区改造；房屋拆迁；住房公积金管理；不动产登记管理等。

704：教育

涉及本地区教育相关政策议题。常见或典型议题举例：学前教育、基础教育与义务教育；考试和招生制度改革；职业技术教育；教师队伍建设；校舍管理；语言文字管理等。

705：卫生健康

涉及本地区医药卫生、全民健康等相关政策议题。常见或典型议题举例：公立医院管理；药品价格与采购；医疗服务项目价格管理；社会力量办医；医疗卫生人才培养；医疗卫生设施管理；基层医疗卫生体系建设；医药卫生产业；计划生育；出生缺陷预防；人口老龄化；爱国卫生运动；公共场所禁烟等。

706：城市管理与社区治理

涉及本地区城市形象、城市管理、社区治理等相关政策议题。常见或典型议题举例：各类“创城”工作（如创建全国文明城市、优秀旅游城市、国家卫生城市、国家园林城市、国家生态城市、国家健康城市、国家食品安全示范城市等）；城市精细化管理；物业管理；社区基本公共服务等。

707：其他（略）

8. 科技

801：一般性或综合类事务

涉及与本地区科技工作相关的一般性、综合类（同时涉及序号802-804

中多项子议题）政策议题。

802：科技创新

涉及本地区的科技进步等相关政策议题。常见或典型议题举例：重大科研攻关项目管理；科技成果转化；重点实验室建设；科研项目经费管理；重大科研基础设施开放等。

803：科技人才

涉及本地区科技人才培养等相关政策议题。常见或典型议题举例：高科技人才（如两院院士）、海外高层次人才及外国专家的引进与合作；双一流建设；科技人才培养等。

804：其他（略）

9. 文体旅游

901：一般性或综合类事务

涉及与本地区文化、体育、旅游等相关的一般性、综合类（同时涉及序号902-905中多项子议题）政策议题。

902：文化

涉及本地区文化事业发展的相关政策议题。常见或典型议题举例：文物与文化遗产保护；历史文化名城名镇保护；传统文化；公共文化服务；基层公共文化建设；重大文化活动策划；文化市场管理；文化产业与项目等。

903：体育

涉及本地区体育事业发展的相关政策议题。常见或典型议题举例：重大体育运动赛事或活动筹办；全民健身；运动员管理；体育基础设施建设；体育产业与项目等。

904：旅游

涉及本地区旅游事业发展相关政策议题。常见或典型议题举例：旅游资源保护与开发；景区管理；旅游市场整顿；旅游产业与项目等。

905：其他（略）

10. 国防军队

1001：一般性或综合类事务

涉及本地区军队与国防建设相关政策议题。常见或典型议题举例：议军议警；党管武装；军地合作；军事日活动；双拥工作；停止军队有偿服务；退役军人事务等。

11. 其他

1101：其他

说明：其他不能或难以划入1-10议题的政策议题。

附录4

2021年以来各省党代会提出的本地区未来五年发展目标

附表4-1　2021年以来各省党代会提出的本地区未来五年发展目标

省份	党代会报告中明确的发展目标（摘要）
北京	首都功能显著提升。经济发展质量显著提升。京津冀协同发展水平显著提升。民生福祉显著提升。生态文明显著提升。首都治理能力显著提升。党的建设水平显著提升。
河北	加快建设“两翼”带动、协同发展的现代化河北。加快建设创新驱动、跨越赶超的现代化河北。加快建设绿色低碳、生态优美的现代化河北。加快建设文化教育体育繁荣、精神文明的现代化河北。加快建设共同富裕、普惠共享的现代化河北。加快建设公平正义、平安法治的现代化河北。
山西	以“全方位推动”为横向维度，以“高质量发展”为纵向标尺，形成“六个领域”“三个体系”全面贯通、深度协同的工作矩阵。
内蒙古	经济高质量发展取得更大成果。生态环境高水平保护取得更大成效。创造人民群众高品质生活并取得更大进展。边疆民族地区高效能治理取得更大突破。
辽宁	辽宁全面振兴全方位振兴取得新突破……综合实力大幅跃升……创新创造活力充分释放…结构调整迈出重大步伐……“一圈一带两区”建设取得重大进展……经济社会发展全面绿色转型……改革开放持续深化……共同富裕扎实推进……民主政治建设进一步加强……文化事业和文化产业蓬勃发展……全面加强党的建设。

续表

省份	党代会报告中明确的发展目标（摘要）
吉林	综合发展实力显著跃升。社会文明程度显著跃升。共同富裕水平显著跃升。社会治理效能显著跃升。生态环境质量显著跃升。党建引领能力显著跃升。
黑龙江	着力建设质量龙江。着力建设创新龙江。着力建设开放龙江。着力建设绿色龙江。着力建设幸福龙江。着力建设勤廉龙江。
上海	“世界影响力”的能级显著提升。“社会主义现代化”的特征充分彰显。“国际大都市”的风范更具魅力。
江苏	综合发展实力显著提升。人民生活品质显著提升。生态环境质量显著提升。社会文明程度显著提升。共同富裕水平显著提升。社会治理效能显著提升。
浙江	高水平推进以自我革命引领社会革命的省域实践，打造新时代党建高地和清廉建设高地。高水平建设现代化经济体系，打造高质量发展高地。高水平推进数字化改革，打造数字变革高地。高水平推进平安浙江法治浙江建设，打造全过程人民民主实践高地。高水平推进文化强省建设，打造新时代文化高地。高水平推进社会建设，打造社会全面进步高地。高水平推进人与自然和谐共生的现代化，打造生态文明高地。高水平推进人的现代化，打造促进全体人民全面发展高地。
安徽	坚持高水平科技自立自强，加快建设经济强的创新安徽。坚持城乡区域协调发展，加快建设格局新的共进安徽。坚持人与自然和谐共生，加快建设环境优的美丽安徽。坚持全面深化改革，加快建设活力足的开放安徽。坚持以人民为中心的发展思想，加快建设百姓富的幸福安徽。
福建	经济发展取得新成效。改革开放迈出新步伐。社会文明程度实现新提高。生态文明建设获得新进步。民生福祉达到新水平。治理效能得到新提升。
江西	全面建设创新江西，发展动力得到新提升。全面建设富裕江西，综合实力实现新跨越。全面建设美丽江西，绿色转型取得新突破。全面建设幸福江西，民生改善迈出新步伐。全面建设和谐江西，治理效能达到新水平。全面建设勤廉江西，政治生态呈现新气象。
河南	一流创新生态基本形成。主导产业生态体系基本形成。新型基础设施体系基本形成。城乡融合发展格局基本形成。支撑高质量发展的体制机制基本形成。对外开放能级显著提高。生态环境质量显著提高。文化发展质量显著提高。人民生活品质显著提高。管党治党水平显著提高。

续表

省份	党代会报告中明确的发展目标（摘要）
湖北	创新发展迈上新台阶。四化同步取得新进展。改革开放实现新突破。民生福祉达到新水平。治理效能得到新提升。党的建设取得新进步。
湖南	贯彻新发展理念，推动经济高质量发展。全面深化改革扩大开放，打造内陆地区改革开放高地。发展社会主义民主政治，建设更高水平的平安湖南、法治湖南。繁荣发展社会主义文化，加快文化强省建设。着力保障和改善民生，促进全体人民共同富裕。加强生态文明建设，加快建设美丽湖南。毫不动摇坚持和完善党的全面领导，深入推进全面从严治党。
广东	党的建设开创新局面……高质量发展实现新进步……改革开放取得新突破……文明程度得到新提高……美丽广东建设取得新成效……民生福祉达到新水平……社会治理效能得到新提升。
广西	高质量发展取得明显成效。服务和融入新发展格局取得明显成效。生态环境保护建设取得明显成效。法治广西、平安广西建设取得明显成效。高品质生活取得明显成效。
海南	全面深化改革开放纵深推进…四大主导产业质量显著提高…生态环境质量继续保持全国领先…安全高效的风险防控体系基本建成…人均预期寿命等社会发展指标位居全国前列，城乡居民人均收入迈上新台阶，高水平的公共文化服务体系和文化产业体系初步形成，全过程人民民主深入推进，社会治理水平明显提升…党建引领自由贸易港建设模式基本形成…封关运作如期实现，全面迈进自由贸易港时代。
重庆	经济实力显著提升。科教实力显著提升。城市综合实力显著提升。生态文明建设水平显著提升。社会治理水平显著提升。人民生活水平显著提升。
四川	综合发展实力再上新台阶……人民生活品质实现新提升……美丽四川建设迈出新步伐……社会文明进步达到新高度……民主法治建设取得新进展……全面从严治党展现新气象。
贵州	经济发展再上新台阶。人民生活再上新台阶。生态环境再上新台阶。文明程度再上新台阶。治理效能再上新台阶。党的建设再上新台阶。
云南	综合经济实力更强。民族团结进步示范区建设更深入。生态文明建设排头兵成效更显著。面向南亚东南亚辐射中心地位更凸显。社会文明程度更高。人民生活更幸福。边疆治理体系更完善。管党治党更有力。

续表

省份	党代会报告中明确的发展目标（摘要）
陕西	经济发展质效更高。人民生活水平更高。生态环境品质更高。社会文明程度更高。治理体系效能更高。党的建设质量更高。
甘肃	综合经济实力实现新跃升。绿色转型发展取得新突破。人民生活水平迈上新台阶。社会文明程度得到新提高。社会治理效能达到新水平。全面从严治党呈现新气象。
青海	加快建设绿色发展的现代化新青海。加快建设生态友好的现代化新青海。加快建设创新开放的现代化新青海。加快建设文明和谐的现代化新青海。加快建设人民幸福的现代化新青海。加快建设政治清明的现代化新青海。
宁夏	开创经济繁荣新局面。续写民族团结新篇章。绘就环境优美新画卷。创造人民富裕新生活。
山东	综合发展实力实现新跃升。人民生活品质实现新跃升。社会文明程度实现新跃升。社会治理效能实现新跃升。生态环境质量实现新跃升。管党治党水平实现新跃升。
新疆	保持社会大局持续稳定长期稳定。贯彻新发展理念、高质量发展水平明显提高。民生不断改善。中华民族共同体意识根植各族群众心灵深处。新疆伊斯兰教中国化水平不断提高。文化润疆深入推进。生态环境持续改善。依法治疆稳步推进。兵团深化改革和向南发展取得新突破。党对新疆工作的全面领导能力进一步加强。
西藏	社会大局持续全面稳定，反分裂斗争牢牢掌握全局性主动。中华民族共同体意识深入人心，藏传佛教中国化取得新进展。经济发展保持良好势头，城乡居民人均可支配收入达到或超过全国平均水平，基本公共服务主要指标接近全国平均水平。生态文明制度体系更加健全。国边防战略保障能力全面提升。全面从严治党向纵深推进，党在西藏的执政基础更加坚实。

参考文献

[1] ANSOLABEHERE S, SNOWBERG E. C, SNYDER J M. Statistical bias in newspaper reporting: the case of campaign finance [R] 或 [D] . MIT Department Political Science Working Paper, 2003: 1-18.

[2] ALEXANDROVA P, CARAMMIA M, TIMMERMANS A. Policy punctuations and issue diversity on the European Council agenda [J] . Policy Studies Journal, 2012, 40 (01): 69-88.

[3] ALEXANDROVA P, RASMUSSEN A, TOSHKOV D. Agenda responsiveness in the European Council: public priorities, policy problems and political attention [J] . West European Politics, 2016, 39 (04): 605-627.

[4] BAEKGAARD M, LARSEN S K, MORTENSEN P B. Negative feedback, political attention, and public policy [J] . Public Administration, 2018, 97 (01): 210-225.

[5] BAUMGARTNER F. R, BREUNIG C, GREEN-PEDERSEN, C, et al. Punctuated equilibrium in comparative perspective [J] . American Journal of Political Science, 2009, 53 (03): 603-620.

[6] BAUMGARTNER F R. JONES B D Agendas and instability in American

politics [M] . Chicago: University of Chicago Press, 1993.

[7] BAUMGARTNER F R, JONES B D. Agendas and instability in American politics, [M] . Chicago: University of Chicago Press, 2009.

[8] BAUMGARTNER F R, JONES B D. The politics of information: problem definition and the course of public policy in American [M] . Chicago: University of Chicago Press, 2015.

[9] BAUMGARTNER F R, JONES B D, MACLEOD M C. The evolution of legislative jurisdictions [J] . Journal of Politics, 2000, 62 (02): 321-349.

[10] BECKMAN L. The competent cabinet? Ministers in Sweden and the problem of competence and democracy [J] . Scandinavian Political Studies, 2006, 29 (02): 111-129.

[11] BEVAN S. Bureaucratic responsiveness: the effects of government, public and european attention on the UK bureaucracy [J] . Public Administration, 2015, 93 (01): 139-158.

[12] BLEI D M, NG A Y, JORDAN M I. Latent dirichlet allocation [J] . Journal of Machine Learning Research, 2003, 3: 993-1022.

[13] BLEI DM, LAFFERTY JD. Correlated topic models [J] . Advances in Neural Information Processing Systems, 2006, 18: 147.

[13] BLEI D M, LAFFERTY J D. Dynamic topic models [C] // Proceedings of the 23rd International Conference on Machine Learning. Pittsburgh: ACM Press, 2006: 113-120.

[14] BOUQUET C, BIRKINSHAW J. Weight versus voice: how foreign subsidiaries gain attention from corporate headquarters [J] . Academy of Management Journal, 2008, 51 (03): 577-601.

[15] BOUQUET C, MORRISON A, BIRKINSHAW J. International attention and multinational enterprise performance [J]. Journal of International Business Studies, 2009, 40 (01): 108-131.

[16] BOYDSTUN A E, BEVAN S, THOMAS III H F. The importance of attention diversity and how to measure it [J]. Policy Studies Journal, 2014, 42 (02): 173-196.

[17] BREEMAN G, LOWERY D, POPPELAARS C, et al. Political attention in a coalition system: analyzing Queen's speeches in the Netherlands 1945-2007 [J]. Acta Politica, 2009, 44 (01): 1-27.

[18] BREEMAN G, SCHOLTEN P, TIMMERMANS A. Analysing local policy agendas: how Dutch municipal executive coalitions allocate attention [J]. Local Government Studies, 2015, 41 (01): 20-43.

[19] BREUNIG C, JONES B D. Stochastic process methods with an application to budgetary data [J]. Political Analysis, 2011: 103-117.

[20] BROWN M E, TREVIñO L K, HARRISON D A. Ethical leadership: a social learning perspective for construct development and testing [J]. Organizational Behavior and Human Decision Processes, 2005, 97 (2): 117-134.

[21] BUDGE I, KLINGEMANN H D, VOLKENS A, et al. Mapping policy preferences: estimates for parties, electors, and governments, 1945 - 1998 [M]. Oxford: Oxford University Press, 2001.

[22] CELL C P. Revolution at work: mobilization campaigns in China [M]. New York: Academic Press, 1977.

[23] CHAN K N, ZHAO S. Punctuated equilibrium and the information

disadvantage of authoritarianism: evidence from the people's republic of China [J]. Policy Studies Journal, 2016, 44 (02): 134-155.

[24] CHEN Y, LI H, ZHOU L A. Relative performance evaluation and the turnover of provincial leaders in China [J]. Economics Letters, 2005, 88 (03): 421-425.

[25] CHIEN S S. The isomorphism of local development policy: A case study of the formation and transformation of national development zones in post-Mao Jiangsu, China [J]. Urban studies, 2008, 45 (02): 273-294.

[26] DEERWESTER S, DUMAIS S T, FURNASG W, et al. Indexing by latent semantic analysis [J]. Journal of the American Society for Information Science, 1990, 41 (06): 391-407.

[27] EDIN M. State capacity and local agent control in China: CCP cadre management from a township perspective [J]. The China Quarterly, 2003, 173: 35-52.

[28] FISKE S T, TAYLO S E. Social cognition: from brains to culture [M]. New York: Random House, 1991: 199-210.

[29] FROIO C, BEVAN S, JENNINGS W. Party mandates and the politics of attention: party platforms, public priorities and the policy agenda in Britain [J]. Party Politics, 2018, 23 (06): 692-703.

[30] GLASER B G, STRAUSS A L, STRUTZEL E. The discovery of grounded theory;: strategies for qualitative research [J]. Nursing Research, 1968, 17 (04): 364.

[31] GERNER D J, SCHRODT P A, FRANCISCO R. A, et al. Machine coding of event data using regional and international sources [J]. International

Studies Quarterly, 1994, 38 (01): 91-119.

[32] GOLDHABER M H. The attention economy and the net [EB/OL]. (1997-04-07). https://journals.uic.edu/ojs/index.php/fm/article/view/519.

[33] GRUBER A, WEISS Y, ROSEN - ZVI M. Hidden topic markov models [C] // Proceedings of the Eleventh International Conference on Artificial Intelligence and Statistics [C], New York: ACM Press, 2007: 163-170.

[34] HÄGE F M. Political attention in the council of the European Union: a new dataset of working party meetings, 1995—2014 [J]. European Union Politics, 2016, 17 (04): 683-703.

[35] HEINER R. A. The origin of predictable behavior [J]. American Economic Review, 1980, 1: 560-595.

[36] HILLARD D, PURPURA S, WILKERSON J. An active learning framework for classifying political text [A] //Annual Meeting of the Midwest Political Science Association. Chicago: MPSA Press, 2007.

[37] HILLARD D, PURPURA S, WILKERSON J. Computer-assisted topic classification for mixed - methods social science research [J]. Journal of Information Technology & Politics, 2008, 4 (04): 31-46.

[38] HO D E, QUINN K M. Measuring explicit political positions of media [J]. Quarterly Journal of Political Science, 2008, 3 (04): 353-377.

[39] HOFMANN T. Probabilistic latent semantic indexing [C] // Proceedings of the 22nd Annual International ACM SIGIR Conference on Research and Development in Information Retrieval [C], Berkeley: ACM Press, 1999: 50-57.

[40] HOLMSTROM B, MILGROM P. Multitask principal-agent analyses:

incentive contracts, asset ownership, and job design [J]. Journal of Low, Economics and Organization, 1991, 7: 24-52.

[41] HUANG C, SU J, XIE X, et al. A bibliometric study of China's science and technology policies: 1949—2010 [J]. Scientometrics, 2015, 102 (02): 1521-1539.

[42] HUANG L, MA J, CHEN C. Topic detection from microblogs using T-LDA and perplexity [C] //24th Asia-Pacific Software Engineering Conference Workshops. Nanjing: IEEE Press, 2017: 71-77.

[43] HUANG Y. Inflation and investment controls in China: The political economy of central-local relations during the reform era [D]. New York: Cambridge University Press.

[44] JENNINGS W, BEVAN S, TIMMERMANS A, et al. Effects of the core functions of government on the diversity of executive agendas [J]. Comparative Political Studies, 2011, 44 (08): 1001-1030.

[45] JENNINGS W, JOHN P. The dynamics of political attention: public opinion and the Queen's speech in the United Kingdom [J]. American Journal of Political Science, 2009, 53 (04): 838-854.

[46] JIN H, QIAN Y, WEINGAST B R. Regional decentralization and fiscal incentives: federalism, Chinese style [J]. Journal of Public Economics, 2006, 89: 1719-1742.

[47] JOHN P, JENNINGS W. Punctuations and turning points in British politics: the policy agenda of the Queen's speech, 1940 - 2005 [J]. British Journal of Political Science, 2010, 40 (03): 561—586.

[48] JOHNSTON J C, ROBERT S M, ROGER W R. Chronometric

evidence for two types of attention [J]. Psychological Science, 1995, 6: 365-369.

[49] JONES B D. Politics and the architecture of choice [M]. Chicago: University of Chicago Press, 2001.

[50] JONES B D. Bounded rationality and political science: lessons from public administration and public policy [J]. Journal of Public Administration Research and Theory, 2003, 13 (04): 395-412.

[51] JONES B. D., BAUMGARTNER F R. The politics of attention: how government prioritizes problems [M]. Chicago: University of Chicago Press, 2005.

[52] JONES B D, BAUMGARTNER FR. From there to here: punctuated equilibrium to the general punctuation thesis to a theory of government information processing [J]. Policy Studies Journal, 2012, 40 (01): 1-20.

[53] KAPLAN S. Cognition, capabilities, and incentives: assessing firm response to the fiber-optic revolution [J]. Academy of Management Journal, 2008, 51 (04): 672-695.

[54] KINGDON J W. Agendas, alternatives and public policies [M]. New York: Longman, 1984.

[55] KLINGEMANN H D, VOLKENS A, BUDGE I, et al. Mapping policy preferences II: estimates for parties, electors, and governments in eastern Europe, European Union, and OECD 1990 - 2003 [M]. Oxford: Oxford University Press, 2006.

[56] KLÜVER H, SAGARZAZU I. Setting the agenda or responding to voters? political parties, voters and issue attention [J]. West European Politics,

2016, 39 (02): 380-398.

[57] KLÜVER H, SPOON J J. Who responds? voters, parties and issue attention [J]. British Journal of Political Science, 2016, 46 (03): 633-654.

[58] KOU C, TSAI W H. "Sprinting with small steps" towards promotion: solutions for the age dilemma in the CCP cadre appointment system [J]. The China Journal, 2014 (71): 153-171.

[59] KUCKARTZ U. Qualitative text analysis: a guide to methods, practice and using software [M]. California: Sage, 2014.

[60] LASSWELL H D. The policy orientation [M] //. Lerner D, Lasswell H D. The policy sciences: recent developments in scope and method. Stanford: Stanford University Press, 1951.

[61] LASSWELL H D. The decision process [M]. Collegee Park: University of Maryland Press, 1956.

[62] LASSWELL H D. The emerging conception of the policy sciences [J]. Policy Sciences, 1970, 1: 3-14.

[63] LI P, LU Y, WANG J. Does flattening government improve economic performance? Evidence from China [J]. Journal of Development Economics, 2016, 123: 18-37.

[64] LINDBLOM C E. The handling of norms in policy analysi [M] Arrow K J, Abramovits M. The allocation of economic resources: essays in honor of Bernard Francis Haley. Stanford: Stanford University Press, 1959.

[65] Liu Q, Luo W, Rao P. The political economy of corporate tax avoidance [J]. Social Science Electronic Publishing, 2015.

[66] LOFLAND J SNOWDA, ANDERSONL, et al. Analyzing social

settings: a guide to qualitative observation and analysis [M]. Belmont, CA: Wadsworth publishing, 1971.

[67] LOVETT J, BEVAN S, BAUMGARTNER F R. Popular presidents can affect congressional attention, for a little while [J]. Policy Studies Journal, 2015, 43 (01): 22—43.

[68] MARCH J G, SIMON H A. Organizations [M]. New York: Wiley, 1958.

[69] MARTIN L W. The government agenda in parliamentary democracies [J]. American Journal of Political Science, 2014, 48 (03): 445-461.

[70] MARTINO J P. A review of selected recent advances in technological forecasting [J]. Technological Forecasting and Social Change, 2003, 70 (08): 719-733.

[71] MIKOLOV T, SUTSKEVER I, CHEN K, et al. Distributed representations of words and phrases and their compositionality [C] //Proceedings of the 26th International Conference on Neural Information Processing Systems. Lake Tahoe: ACM Press, 2013: 3111-3119.

[72] MILES M B, HUBERMAN A M. Qualitative data analysis: an expanded sourcebook [M]. California: Sage, 1994.

[73] MOGHADDAM S, ESTER M. ILDA: interdependent LDA model for learning latent aspects and their ratings from online product reviews [C] // Proceedings of the 34th International ACM SIGIR Conference on Research and Development in Information Retrieval. Beijing: ACM Press, 2011: 665-674.

[74] MORTENSEN P B, GREEN-PEDERSEN C. Institutional effects of changes in political attention: explaining organizational changes in the top

bureaucracy [J]. Journal of Public Administration Research and Theory, 2015, 25 (01): 165-189.

[75] NEWMAN D, LAU J H, GRIESER K, et al. Automatic evaluation of topic coherence [C] //Human language technologies: The 2010 Annual Conference of the North American Chapter of the Association for Computational Linguistics. Los Angeles: NAACL Press, 2010: 100-108.

[76] NOWLIN M C. Theories of the policy process: state of the research and emerging trends [J]. Policy Studies Journal, 2011, 39 (S1): 41-60.

[77] O'CALLAGHAN D, GREENE D, CARTHY J, et al. An analysis of the coherence of descriptors in topic modeling [J]. Expert Systems with Applications, 2015, 42 (13): 5645-5657.

[78] OCASIO W. Towards an attention-based view of the firm [J]. Strategic Management Journal, 1997, 18 (S1): 187-206.

[79] OCASIO W. Attention to attention [J]. Organization Science, 2011, 22 (05): 1286-1296.

[80] PERINA A, LOVATO P, MURINO V, et al. Biologically-aware latent dirichlet allocation (balda) for the classification of expression microarray [C] //IAPR International Conference on Pattern Recognition in Bioinformatics. Heidelberg: Springer, 2010: 230-241.

[81] POSNER M I, ROTHBART M K. Research on attention networks as a model for the integration of psychological science [J]. Annual Review of Psychology, 2006, 58 (01): 1-23.

[82] PRALLE S. The "Mouse that Roared": agenda setting in Canadian pesticides politics [J]. Policy Studies Journal, 2006, 34 (02): 171-194.

[83] PRINCEN S. Agenda-setting strategies in EU policy processes [J]. Journal of European Public Policy, 2011, 18 (07): 927-943.

[84] PURPURA S, HILLARD D. Automated classification of congressional legislation [C] //Proceedings of the 2006 International Conference on Digital Government Research. San Diego: ACM Press, 2006: 219-225.

[85] QUINN K M, MONROE B L, COLARESI M, et al. How to analyze political attention with minimal assumptions and costs [J]. American Journal of Political Science, 2010, 54 (01): 209-228.

[86] RAZALI N M, WAH Y B. Power comparisons of shapiro - wilk, kolmogorov - smirnov, lilliefors and anderson - darling tests [J]. Journal of Statistical Modeling and Analytics, 2011, 2 (01): 21-33.

[87] REN H, ZHOU S, HU A. After the president left my town: Chinese state leaders' domestic visits impact on local government performance [J]. Available at SSRN, 2018.

[88] ROBERTS M, MCCOMBS M. Agenda setting and political advertising: origins of the news agenda [J]. Political Communication, 1994, 11 (03): 249-262.

[89] ROBERTS M E, STEWART B M, TINGLEY D, et al. Structural topic models for open-ended survey responses [J]. American Journal of Political Science, 2014, 58 (04): 1064—1082.

[90] RUTLEDGE P E, LARSEN PRICE H A. The president as agenda setter-in-chief: the dynamics of congressional and presidential agenda setting [J]. Policy Studies Journal, 2014, 42 (03): 443—464.

[90] SESHADRI S, SHAPIRA Z. Managerial allocation of time and effort:

the effects of interruptions [J]. Management Science, 2001, 47 (50): 647-662.

[91] SEVENANS J. How mass media attract political elites' attention [J]. European Journal of Political Research, 2018, 57 (01): 153-170.

[92] SHEINGATE A D. Structure and opportunity: committee jurisdiction and issue attention in congress [J]. American Journal of Political Science, 2006, 50 (04): 844-859.

[93] SIMON H A. Administrative behavior [M]. New York: Macmillan, 1961.

[94] ŠIRINIĆ, D. Political attention of Croatian governments 1990—2015. [M] // ZDRAVKO P, KRISTIJAN K. New perspectives on south-east Europe policy-making at the European periphery. Gewerbestrasse: Palgrave Macmillan, 2019.

[95] STEVENS K, KEGELMEYER P, ANDRZEJEWSKI D, et al. Exploring topic coherence over many models and many topics [C] //Proceedings of the 2012 Joint Conference on Empirical Methods in Natural Language Processing and Computational Natural Language Learning. Jeju: ACM Press, 2012: 952-961.

[96] STEVENS R, MORAY N, BRUNEEL J, et al. Attention allocation to multiple goals: the case of for-profit social enterprises [J]. Strategic Management Journal, 2015, 36 (07): 1006-1016.

[97] TALBERT J C, POTOSKI M. Setting the legislative agenda: the dimensional structure of bill cosponsoring and floor voting [J]. Journal of Politics, 2002, 64 (03): 864-891.

[98] VLIEGENTHART R, WALGRAVE S, WOUTERS R, et al. The media as a dual mediator of the political agenda - setting effect of protest. a longitudinal study in six western European countries [J] . Social Forces, 2016, 95 (02): 837-859.

[99] WALGRAVE S, BOYDSTUN A E, VLIEGENTHART R, et al. The nonlinear effect of information on political attention: media storms and US congressional hearings [J] . Political Communication, 2017, 4: 1-23.

[100] WALGRAVE S, VARONE F. Punctuated equilibrium and agenda-setting: bringing parties back in: Policy change after the dutroux crisis in Belgium [J] . Governance, 2008, 21 (03): 365-395.

[101] WANG F, LI T, WANG X, et al. Community discovery using nonnegative matrix factorization [J] . Data Mining and Knowledge Discovery, 2011, 22 (03): 493-521.

[102] WANG Y, AGICHTEIN E, BENZI M. TM-LDA: efficient online modeling of latent topic transitions in social media [C] //Proceedings of the 18th ACM SIGKDD International Conference on Knowledge Discovery and Data Mining. Beijing: ACM Press, 2012: 123-131.

[103] WILDAVSKY A. The politics of the budgetary process [M] . Boston: Little Brown, 1964.

[104] XU N, CHEN Q, XU Y, et al. Political uncertainty and cash holdings: Evidence from China. Journal of Corporate Finance [J] . Journal of Gorporate Finance, 2016, 40: 276—295.

[105] YAN Y, YUAN C. City administrative level and municipal party secretaries' promotion: Understanding the logic of shaping political elites in China

[J] . Journal of Contemporary China, 2020, 29 (122): 266-285.

[106] ZANG X. Technical training, sponsored mobility, and functional differentiation: Elite formation in China in the reform era [J] . Communist and post-communist studies, 2006, 39 (01): 39-57.

[107] ZHENG S P. The new era in Chinese elite politics [J] . Issues & Studies, 2005, 41 (01): 190-203.

[108] ZHOU X. Partial reform and the Chinese bureaucracy in the post-Mao era. Comparative Political Studies, 28 (03): 440—468.

[109] ZHOU X. Political dynamics and bureaucratic career patterns in the People's Republic of China, 1949-1994 [J] . Comparative Political Studies, 2001, 34 (09): 1036-1062.

中文文献:

[1] 曹堂哲, 郝宇华. 间断均衡理论视角下媒体注意力与议程设置的因果关系——基于我国教育议程设置变迁的检验 [J] . 治理研究, 2019, 35 (03): 56-67.

[2] 陈星平, 毕利娜, 吴道友. 中国政府推进科技人才创新创业的注意力测量——中央政府工作报告 (1978-2017) 文本分析 [J] . 科技进步与对策, 2018, 35 (23): 155-160.

[3] 陈守明, 唐滨琪. 高管认知与企业创新投入——管理自由度的调节作用 [J] . 科学学研究, 2012, 30 (11): 1723-1734.

[4] 龚文娟. 城市生活垃圾治理政策变迁——基于1949—2019年城市生活垃圾治理政策的分析 [J] . 学习与探索, 2020 (02): 28-35.

[5] 邝艳华. 环保支出决策: 渐进还是间断均衡——基于中国省级面板数据的分析 [J] . 甘肃行政学院学报, 2015 (02): 52-61, 126-127.

[6] 赖诗攀．强激励效应扩张：科层组织注意力分配与中国城市市政支出的“上下”竞争（1999—2010）［J］．公共行政评论，2020，13（01）：43-62，196-197.

[7] 李健，成鸿庚，贾孟媛．间断均衡视角下的政社关系变迁：基于1950-2017年我国社会组织政策考察［J］．中国行政管理，2018（12）：66-71.

[8] 李毅．社会建构类型转换与公共政策变迁——以中国网约车监管政策演变为例［J］．公共管理与政策评论，2019，8（05）：58-69.

[9] 李金龙，王英伟．“间断平衡框架”对中国政策过程的解释力研究——以1949年以来户籍政策变迁为例［J］．社会科学研究，2018（01）：64-72.

[10] 李文钊．向行为公共政策理论跨越—间断均衡理论的演进逻辑和趋势［J］．江苏行政学院学报，2018（02）：82-91.

[11] 李文钊．间断—均衡理论：探究政策过程中的稳定与变迁逻辑［J］．上海行政学院学报，2018，19（02）：54-65.

[12] 李文钊，庞伟，吴珊．中国预算变迁遵循间断—均衡逻辑吗？——基于2007—2019年中国财政预算数据的实证研究［J］．公共行政评论，2019，12（05）：12-27，211.

[13] 李振．注意力推动政策执行：中国领导人的“现场主义”机制研究［J］．马克思主义与现实，2018（05）：189-196.

[14] 练宏．注意力分配——基于跨学科视角的理论述评［J］．社会学研究，2015，30（04）：215-241，246.

[15] 练宏．注意力竞争——基于参与观察与多案例的组织学分析［J］．社会学研究，2016，31（04）：1-26，242.

［16］刘纪达，王健．变迁与演化：中国退役军人安置保障政策主题和机构关系网络研究［J］．公共管理学报，2019，16（04）：142-155，175.

［17］刘志鹏．常规开展的“运动”：基于示范城市评比的研究［J］．公共管理与政策评论，2020，9（04）：72-86.

［18］冀鹏飞．论中央生态环境保护督察制度的法治化——以《中央生态环境保护督察工作规定》为中心［J］．环境保护，2019，47（14）：27-32.

［19］杰伊·沙夫里茨，卡伦·莱恩，克里斯托弗·博里克．公共政策经典［M］．彭云望译．公共政策经典［M］．北京：北京大学出版社，2008.

［20］孟溦，张群．公共政策变迁的间断均衡与范式转换——基于1978—2018年上海科技创新政策的实证研究［J］．公共管理学报，2020，17（03）：1-11，164.

［21］孙宇，冯丽烁．1994—2014年中国互联网治理政策的变迁逻辑［J］．情报杂志，2017，36（01）：87-91，141.

［22］陶鹏，初春．府际结构下领导注意力的议题分配与优先：基于公开批示的分析［J］．公共行政评论，2020，13（01）：63-78，197.

［23］施炳展，金祥义．注意力配置、互联网搜索与国际贸易［J］．经济研究，2019，54（11）：71-86.

［24］汪丁丁．“注意力”的经济学描述［J］．经济研究，2000（10）：67-72.

［25］王琮．子公司管理者议题营销行为有效性研究：注意力基础观的视角［D］．合肥：中国科学技术大学，2014.

［26］王印红，李萌竹．地方政府生态环境治理注意力研究——基于30

个省市政府工作报告（2006—2015）文本分析［J］．中国人口·资源与环境，2017，27（02）：28-35.

［27］王楚君，许治，陈朝月．科技体制改革进程中政府对基础研究注意力配置——基于中央政府工作报告（1985—2018 年）的话语分析［J］．科学学与科学技术管理，2018，39（12）：54-66.

［28］魏伟，郭崇慧，陈静锋．国务院政府工作报告（1954—2017）文本挖掘及社会变迁研究［J］．情报学报，2018，37（04）：406-421.

［29］魏娜，缪燕子．新中国成立以来社会救助政策变迁：历程、原因与趋势——基于间断—均衡理论的视角［J］．教学与研究，2018（02）：78-85.

［30］文宏．间段均衡理论与中国公共政策的演进逻辑——兰州出租车政策（1982—2012）的变迁考察［J］．公共管理学报，2014，11（02）：70-80+142.

［31］吴宾，唐薇．中国政府推进老龄事业发展的注意力配置研究——基于中央政府工作报告（1978—2018）的内容分析［J］．中州学刊，2019（05）：65-71.

［32］吴建祖，肖书锋．创新注意力转移、研发投入跳跃与企业绩效——来自中国 A 股上市公司的经验证据［J］．南开管理评论，2016，19（02）：182-192.

［33］吴文强，郭施宏．价值共识、现状偏好与政策变迁——以中国卫生政策为例［J］．公共管理学报，2018，15（01）：46-57，155-156.

［34］邬龙，王晓蓉，迟远英．我国大气污染治理政策主题变迁量化分析及预测［J］．北京工业大学学报（社会科学版），2019，19（06）：80-89.

［35］徐岩，范娜娜，陈那波．合法性承载：对运动式治理及其转变的新解释——以 A 市 18 年创卫历程为例［J］．公共行政评论，2015，8（02）：22-46，179.

［36］许晖，郭净．中国国际化企业能力—战略匹配关系研究：管理者国际注意力的调节作用［J］．南开管理评论，2013，16（04）：133-142，160.

［37］杨君，郑雪，王韵琪．公众议程、媒体议程与政府工作报告的政策沟通过程——基于中国 19 个主要城市的观察［J］．上海行政学院学报，2018，19（06）：78-88.

［38］一荞．捕捉政府工作的"对焦点"——四组关键数字盘点 2014 年省政府常务会议［N］．四川日报，2015-01-08（5）．

［39］尹云龙．基于多源流理论视角的我国扶贫政策变迁动力模式研究［J］．学术交流，2019（01）：126-136.

［40］于博，吴菡虹．政策冲击、注意力分配与投资者情绪——基于"沪港通"与"深港通"政策的分析［J］．当代财经，2020（01）：136-148.

［41］于飞．制度环境、企业社会责任行为与利益相关者关系质量研究［D］．武汉大学，2014.

［42］俞庆进，张兵．投资者有限关注与股票收益——以百度指数作为关注度的一项实证研究［J］．金融研究，2012（08）：152-165.

［43］苑春荟，燕阳．中央环保督察：压力型环境治理模式的自我调适——一项基于内容分析法的案例研究［J］．治理研究，2020，36（01）：57-68.

［44］曾宪聚，黄金楷，严江兵．高管团队权力不平等、创新注意力与

企业创新强度［J］．兰州大学学报（社会科学版），2020，48（04）：39-48.

［45］张程．数字治理下的“风险压力-组织协同”逻辑与领导注意力分配——以A市“市长信箱”为例［J］．公共行政评论，2020，13（01）：79-98，197-198.

［46］张慧，查强．改革开放四十年我国职业教育政策的演进及特征——基于混合方法的研究［J］．高等工程教育研究，2019（04）：165-171，181.

［47］张璐，梁丽娜，苏敬勤，等．破茧成蝶：创业企业如何突破能力的刚性束缚实现进阶？［J］．管理世界，2020，36（06）：189-201，253.

［48］张楠，马宝君，孟庆国．政策信息学：大数据驱动的公共政策分析［M］．清华大学出版社．2019.

［49］张越，陈丹．新中国70年的人口政策变迁与当代人口发展［J］．宏观经济管理，2020（05）：62-69.

［50］张永军，梁东黎．晋升激励、官员注意力配置与公共品供给［J］．理论导刊，2010（12）：21-23.

［51］郑石明，彭芮，高灿玉．中国环境政策变迁逻辑与展望——基于共词与聚类分析［J］．吉首大学学报（社会科学版），2019，40（02）：7-20.

［52］周黎安．晋升博弈中政府官员的激励与合作——兼论我国地方保护主义和重复建设问题长期存在的原因［J］．经济研究，2004（06）：33-40.

［53］周黎安．中国地方官员的晋升锦标赛模式研究［J］．经济研究，2007（07）：36-50.

［54］周晓博，马天明．基于国家治理视角的中央环保督察有效性研究［J］．当代财经，2020（02）：27-39.

［55］周雪光．逆向软预算约束：一个政府行为的组织分析［J］．中国社会科学，2005（2）：132-143.

［56］周雪光．权威体制与有效治理：当代中国国家治理的制度逻辑［J］．开放时代，2011（10）：67-85.

［57］左才．地方领导干部激励机制的运作与绩效［J］．学海，2017（03）：137-145.